Paris
1826

Guizot, François-Pierre-Guillaume

Encyclopédie progressive

ou collection de traités sur l'histoire, l'état actuel et les progrès des connaissances humaines

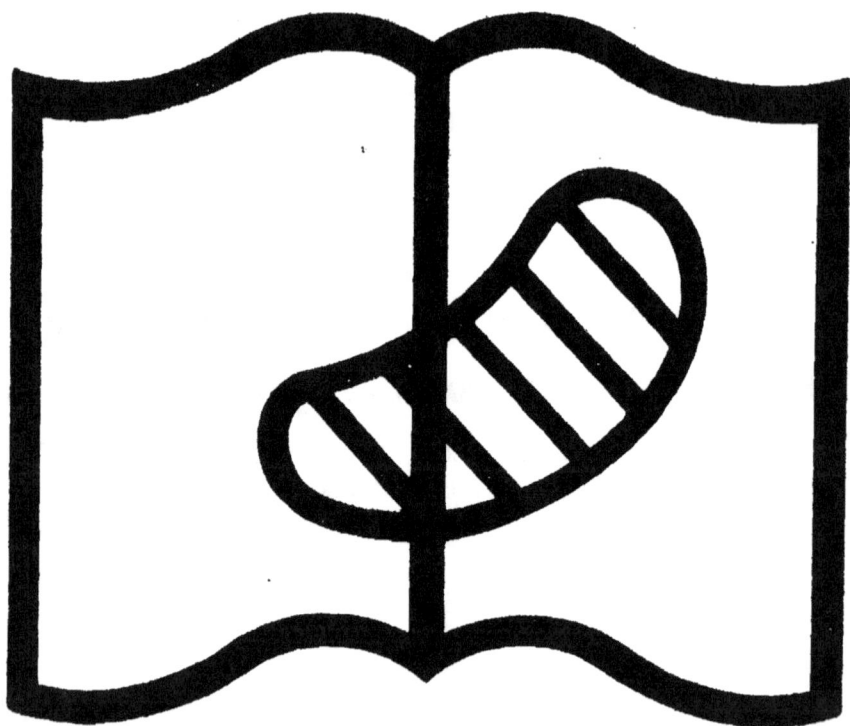

Symbole applicable
pour tout, ou partie
des documents microfilmés

Original illisible

NF Z 43-120-10

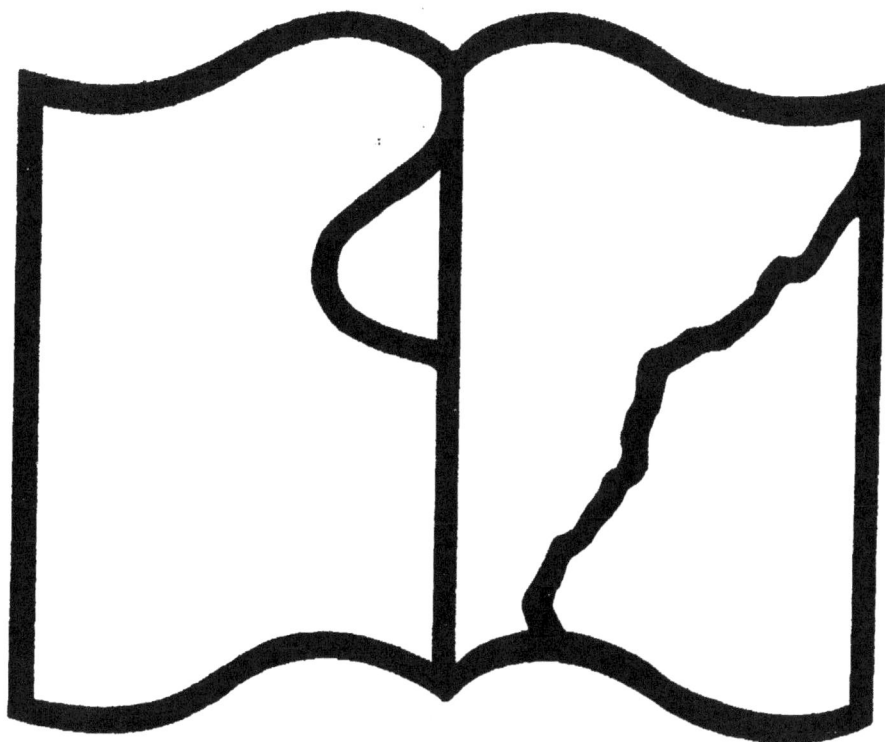

**Symbole applicable
pour tout, ou partie
des documents microfilmés**

Texte détérioré — reliure défectueuse

NF Z 43-120-11

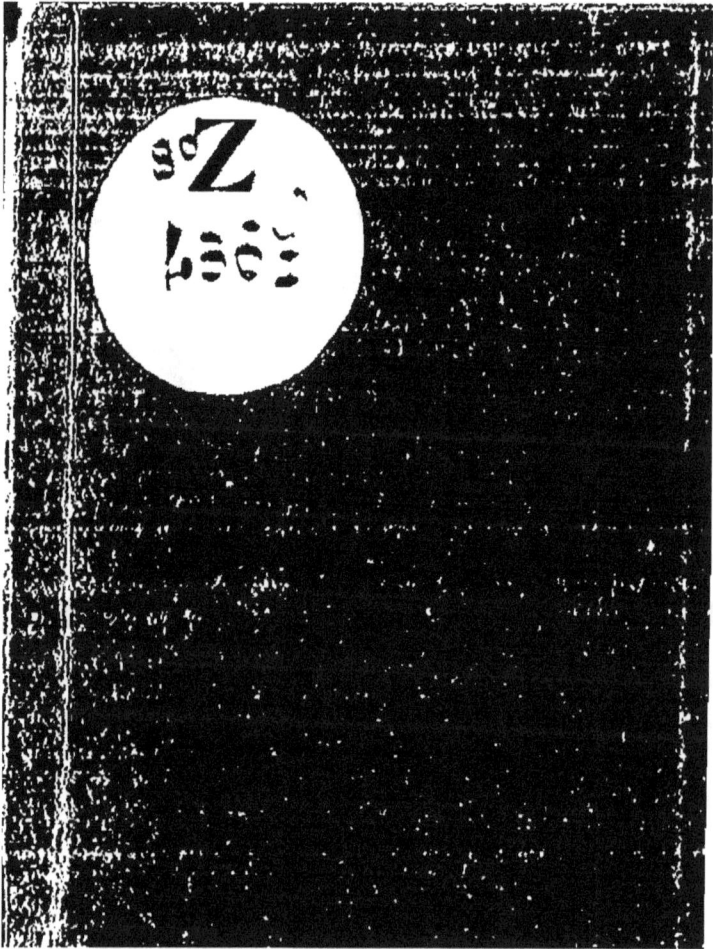

ENCYCLOPÉDIE

PROGRESSIVE,

ou

COLLECTION DE TRAITÉS

SUR L'HISTOIRE, L'ÉTAT ACTUEL ET LES PROGRÈS

DES CONNAISSANCES HUMAINES.

ENCYCLOPÉDIE,

ARTICLE SERVANT DE DISCOURS PRÉLIMINAIRE,

PAR M. GUIZOT.

Tous les deux mois environ, un volume in-8° de 500 pages au moins.
On n'est tenu de souscrire que pour trois volumes, sans rien payer d'avance.
Prix des 3 volumes : 24 francs pour les Souscripteurs.

PARIS.

AU BUREAU DE L'ENCYCLOPÉDIE PROGRESSIVE,
rue Chantereine, n° 10 ;

Bécher aîné, quai des Augustins, n° 47 ;
Moutardier, rue Gît-le-Cœur, n° 4 ;
Ponthieu, rue d'Anjou-Dauphine, n° 8 ;
Ponthieu et Cie, Palais-Royal, galerie de Bois, n° 252 ;
Sautelet et Cie, place de la Bourse ;
Treuttel et Wurtz, rue de Bourbon, n° 17 ;

Et chez tous les libraires et directeurs de poste.

1826.

Les demandes, avis et renseignemens doivent être adressés, franc de port,
à l'éditeur de l'Encyclopédie progressive, rue Chantereine, n° 10.

Nous ne nous astreignons point à l'ordre alphabétique pour la publication des articles de l'*Encyclopédie progressive*; les souscripteurs le rétabliront aisément, s'ils le jugent convenable, en faisant relier l'ouvrage: il nous semble préférable que chaque volume offre, en paraissant, une grande variété; et nous voulons pouvoir toujours y traiter, surtout en fait de sciences morales et politiques, les questions qui, au moment de sa publication, mériteront l'intérêt ou occuperont spécialement l'attention du public. Ainsi, une première livraison, destinée à faire mieux connaître le plan et la nature de cet ouvrage, contient, avec un *spécimen* du MANUEL ENCYCLOPÉDIQUE, les cinq traités mentionnés à l'autre page.

Les livraisons suivantes contiendront entr'autres articles:

ENCYCLOPÉDIE

PROGRESSIVE,

ou

COLLECTION DE TRAITÉS

SUR L'HISTOIRE, L'ÉTAT ACTUEL ET LES PROGRÈS

DES CONNAISSANCES HUMAINES,

SUIVIE D'UN

MANUEL ENCYCLOPÉDIQUE,

ou

DICTIONNAIRE ABRÉGÉ DES SCIENCES ET DES ARTS,

Contenant l'explication de tous les mots de la langue française.

Tous les deux mois environ, un volume de 500 pages au moins.
On n'est tenu de souscrire que pour trois volumes, sans rien payer d'avance.
Prix des 3 volumes : 24 fr. pour les Souscripteurs.

PARIS,

Au bureau de l'*Encyclopédie progressive*, rue Chantereine, n° 10;

CHEZ
- BÉCHET aîné, quai des Augustins, n° 47;
- MOUTARDIER, rue Gît-le-Cœur, n° 4;
- PINARD, rue d'Anjou-Dauphine, n° 8,
- PONTHIEU et Cie, Palais-Royal, galerie de Bois, n° 252;
- SAUTELET et Cie, place de la Bourse;
- TREUTTEL et WURTZ, rue de Bourbon, n° 17;

Et chez tous les principaux libraires et directeurs de postes.

1826.

AVIS AUX SOUSCRIPTEURS.

Pour mieux faire connaître le plan et la nature de cet ouvrage, l'éditeur de l'*Encyclopédie progressive* a publié d'abord un demi-volume, qui se vend séparément : prix, 4 fr. Ce demi-volume contient, avec un *specimen* du MANUEL ENCYCLOPÉDIQUE, les cinq traités suivans :

ENCYCLOPÉDIE. *Des Encyclopédies considérées comme moyen de civilisation*.......................... GUIZOT.
ÉCONOMIE POLITIQUE. Esquisse de l'économie politique moderne, de sa nomenclature, de son histoire et de sa bibliographie.............. J. B. SAY.
IRRITATION. considérée sous le rapport physiologique et pathologique.......................... BROUSSAIS.
LAW, et de son système de finances............ A. THIERS.
RELIGION. Du développement progressif des idées religieuses .... BENJAMIN-CONSTANT.

L'article ENCYCLOPÉDIE par M. GUIZOT, servant de discours préliminaire, se distribue *gratis* au bureau et chez les libraires de l'*Encyclopédie progressive*.

Pour rassurer les souscripteurs contre l'abus si fréquent des nouvelles éditions, ils sont prévenus qu'il n'y en aura jamais qu'une seule de chacun des traités compris dans l'*Encyclopédie progressive*. Les additions qui pourront être faites plus tard, s'il y a lieu, seront toujours tirées à part, de manière à pouvoir être acquises séparément, et être ajoutées ainsi à la suite des exemplaires du premier tirage.

CONDITIONS DE LA SOUSCRIPTION.

Pour recevoir l'*Encyclopédie progressive*, il faut souscrire au moins pour trois volumes. Prix : 24 fr., *franc de port*.

Les souscripteurs sont libres de ne rien payer d'avance, en faisant parvenir à l'éditeur, rue Chantereine, n° 10, l'engagement ci-après :

*Je déclare souscrire à l'*Encyclopédie progressive *pour trois volumes, que je m'engage à payer, à raison de huit francs le volume, au fur et à mesure qu'ils seront publiés, et qu'ils me seront remis à l'adresse suivante :*

(*Indiquer avec soin le nom et l'adresse à Paris.*)

L'*Encyclopédie progressive* sera imprimée sur très beau papier, caractère et justification semblables à ce *Prospectus*. Il paraîtra tous les deux mois environ, un volume de 500 pages au moins.

Le *Manuel encyclopédique* sera imprimé sur deux colonnes, format in-8°, caractère *Petit-Texte*, interligné. Prix : 9 fr. chaque volume de 500 pages au moins, et 8 fr. pour les souscripteurs à l'*Encyclopédie progressive*.

Pour faciliter aux souscripteurs l'envoi des fonds, ils n'ont qu'à faire parvenir au Bureau, rue Chantereine, n° 10, un mandat sur Paris, à l'ordre de l'éditeur de l'*Encyclopédie progressive*. L'ouvrage sera de suite envoyé *franc de port*.

ENCYCLOPÉDIE

PROGRESSIVE,

ou

COLLECTION DE TRAITÉS

SUR L'HISTOIRE, L'ÉTAT ACTUEL, ET LES PROGRÈS

DES CONNAISSANCES HUMAINES.

PROSPECTUS.

On a fait aux diverses Encyclopédies, surtout à l'Encyclopédie française du siècle dernier, de nombreux reproches; on a soutenu que la bonne exécution d'un tel ouvrage était impossible, que l'idée seule en était chimérique. Cependant les Encyclopédies se sont multipliées en France, en Angleterre, en Allemagne, en Amérique même; partout on a persisté à les croire utiles et à les accueillir.

C'est qu'il en est aujourd'hui des richesses intellectuelles comme de toutes les autres; leur distribution plus étendue, plus égale, et leur rapide circulation sont un besoin impérieux pour la société. De là vient le succès invincible des Encyclopédies; c'est l'état actuel de la civilisation qui les rend indispensables, et les fait triompher de toutes les objections.

Ce qui importe donc aujourd'hui, ce n'est pas de discuter la convenance ou la possibilité des Encyclopédies, question résolue par le fait, mais de leur donner tout le mérite et toute l'utilité dont elles sont susceptibles.

Trois objections principales ont été adressées aux Encyclopédies : 1° par leur étendue et leur cherté, elles
sont hors de la portée du plus grand nombre des lecteurs; 2° cependant les matières importantes n'y sont
jamais traitées avec les développemens qu'elles exigeraient; 3° enfin, les sciences et les idées sont continuel-
lement en progrès, en sorte qu'une Encyclopédie vieillit
très promptement, et qu'au moment même où l'entreprise
atteint son terme, elle a déjà perdu, en partie du moins,
son mérite et son utilité.

Dans le plan que nous avons conçu, ces objections
sont résolues, et tous les besoins du public satisfaits.

Nous publierons, sous le titre de *Manuel encyclopédique*,
et en douze volumes in-8°, une Encyclopédie abrégée et
pourtant très complète, car aucun des mots compris dans
les diverses Encyclopédies publiées jusqu'à ce jour n'y
sera omis, et sous chaque mot sera placé un court précis
des principaux faits ou des principales idées qui s'y
rapportent.

Ce Manuel sera ainsi une Encyclopédie vraiment
usuelle et à la portée du plus grand nombre des lecteurs;
le nom d'*Encyclopédie domestique* lui conviendrait parfai-
tement, car on y trouvera, sur chaque mot, les renseignemens et les explications dont la nécessité peut se
présenter dans le cours ordinaire de la conversation et
de la vie. C'est un ouvrage de ce genre qui, sous le titre
de *Lexique* ou *Dictionnaire de la Conversation*, a obtenu,
en Allemagne, un succès tel qu'en peu d'années plus de
70,000 exemplaires ont été vendus.

Mais pour quiconque veut acquérir, sur tel ou tel
sujet particulier, des connaissances plus précises, un
semblable Manuel ne saurait suffire; il faut en beaucoup
d'occasions, du moins sur les matières importantes, des
traités de quelque étendue où la science soit résumée
avec soin et appropriée aux affaires et aux intérêts qui
attirent spécialement l'attention du public.

· C'est là le but que s'est proposé l'*Encyclopédie d'Edimbourg;* les auteurs de ce bel ouvrage ont renoncé à donner, comme dans les autres Encyclopédies, un article sur chaque mot : mais ils ont publié, en revanche, sur tous les sujets importans, de longs articles, pleins de faits et d'idées, et qui sont de petits traités scientifiques, où les plus grands ouvrages se trouvent résumés.

Sous le nom d'*Encyclopédie progressive*, nous publierons un Recueil de même nature; nous n'y admettrons que des articles d'une importance incontestable et qui répondent à quelque besoin réel du public. Chaque article, portant le nom de l'auteur et la date de sa composition, contiendra en résumé : 1° l'histoire du sujet; 2° l'exposé des principes et de l'état actuel de la science sur le point en question; 3° l'indication des lacunes non encore remplies, des difficultés non encore résolues, ou les *desiderata;* 4° une bibliographie indiquant les principaux ouvrages où le sujet a été traité dans les divers temps et les divers pays; 5° au besoin enfin, des tables chronologiques et des tableaux synoptiques.

Nous donnerons la biographie raisonnée des hommes les plus célèbres, mais seulement de ceux qui ont puissamment influé sur la destinée des peuples, ou sur les progrès de l'esprit humain.

Chaque article aura une pagination particulière. En tête de chaque page sera le titre du sujet traité. Les articles pourront ainsi être classés à volonté, 1° par ordre de publication, 2° par ordre alphabétique, 3° par ordre d'auteurs, 4° par ordre de matières.

Quand un article aura vieilli, il pourra être remplacé par un article nouveau, sans que l'ensemble de l'ouvrage en soit dérangé; et notre Encyclopédie méritera vraiment le nom de *Progressive*, puisqu'elle demeurera toujours ouverte à tous les progrès, et se réformera ou s'enrichira successivement comme la science même.

Le *Manuel encyclopédique* et l'*Encyclopédie progressive*

seront dans une intime relation. Dans le *Manuel,* à chaque mot qui exigera des développemens que les limites de l'ouvrage ne permettront pas de donner, un renvoi annoncera que ce mot doit être, dans l'*Encyclopédie progressive,* l'objet d'un article étendu. Ainsi quiconque possédera le *Manuel* et aura besoin sur tel ou tel sujet de renseignemens plus détaillés, pourra se les procurer en achetant le traité particulier qui y aura été consacré dans l'*Encyclopédie progressive,* dont les articles seront, au besoin, vendus séparément.

Le triple problème des Encyclopédies sera ainsi résolu; on aura d'une part, une Encyclopédie vraiment élémentaire; de l'autre, une Encyclopédie vraiment savante, qui dispensera même les hommes instruits de recourir aux ouvrages spéciaux, et qui, en même temps, sera toujours au niveau de la science, dont elle suivra les progrès.

Le devoir de l'éditeur d'un pareil ouvrage est de s'assurer de l'appui et des conseils de tous les hommes supérieurs, et de s'adresser toujours aux écrivains les plus distingués dans chaque partie. Quant aux collaborateurs, l'ouvrage ne comportant aucune unité de rédaction ou de doctrine, il est évident que chaque auteur ne peut répondre que de l'article signé de lui, et n'encourt d'autre examen que celui du public. Du reste, les noms des collaborateurs de l'*Encyclopédie progressive* nous sont un sûr garant du succès.

Nous ne nous astreindrons point à l'ordre alphabétique pour la publication des articles de l'*Encyclopédie progressive ;* les souscripteurs le rétabliront aisément, s'ils le jugent convenable, en faisant relier l'ouvrage : il nous semble préférable que chaque volume offre, en paraissant, une grande variété ; et nous voulons pouvoir toujours y traiter, surtout en fait de sciences morales et politiques, les questions qui, au moment de sa publication, mériteront l'intérêt ou occuperont spécialement l'attention du public. Ainsi, une première livraison, destinée à faire mieux connaître le plan et la nature de cet ouvrage, contient, avec un *spécimen* du Manuel Encyclopédique, les cinq traités suivans :

etc., etc., etc.

Les observations, avis et renseignemens devront être adressés, *franc de port*, à l'éditeur de *l'Encyclopédie progressive*, rue Chantereine, n° 10.

IMPRIMERIE ET FONDERIE DE J. PINARD,
RUE D'ANJOU-DAUPHINE, n° 8, A PARIS.

ENCYCLOPÉDIE
PROGRESSIVE,
OU
COLLECTION DE TRAITÉS
SUR L'HISTOIRE, L'ÉTAT ACTUEL, ET LES PROGRÈS
DES CONNAISSANCES HUMAINES.

~~~~~~

ENCYCLOPÉDIE.

ENCYCLOPÉDIE (ἐν, en ; κύκλος, cercle ; παιδεία, instruction, enseignement, connaissance), enseignement *encyclique*, c'est-à-dire universel, dépôt de toutes les connaissances humaines (1).

Le titre seul prouve que, rigoureusement parlant, l'ouvrage est impossible. Le genre humain ne sait pas tout, et nul homme, nulle réunion d'hommes n'est capable de recueillir et d'enfermer dans un livre tout ce que sait le genre humain. Le mot *Encyclopédie*, dans son sens littéral et philosophique, n'est donc qu'un mensonge de l'ambition et de l'orgueil d'esprit.

---

(1) En tête de l'article *Encyclopédie*, Diderot définit ce mot : « en« chaînement de connaissances », et l'Académie française a adopté cette définition : elle n'est point exacte ni conforme au sens étymologique : ἐγκύκλιος signifie *circulaire* et au figuré *complet, universel*. Les Grecs appelaient ἐγκύκλιος παιδεία, ἐγκύκλια μαθήματα, une *éducation complète*, *l'ensemble des connaissances que tout Grec libre devait acquérir*. On lit dans Strabon (l. 1, p. 34, édit. d'Amsterd. 1707), τῆς ἐγκυκλίου καὶ συνήθους ἀγωγῆς τοῖς ἐλευθέροις μετασχόντα, *les choses qui font partie de l'éducation complète et ordinaire des hommes libres* : dans Démosthène, τα ἐγκύκλια δίκαια, *les droits qui appartiennent à tous les citoyens*, etc.

Cependant, depuis le milieu du siècle dernier, on persiste à tenter des Encyclopédies, et le public ne cesse pas de les bien accueillir. Dans les pays les plus divers d'institutions, de croyances, de mœurs, de telles entreprises ont été formées et accomplies. Et, loin de se ralentir, ce mouvement se propage et s'accélère de nos jours; en France, en Allemagne, en Angleterre, en Amérique, malgré tant d'Encyclopédies déjà publiées, d'autres paraissent ou se préparent : sous des titres différens, des ouvrages de même nature se multiplient partout, et presque tous sont déjà en possession du succès (1).

N'est-ce là qu'un de ces caprices, un de ces accès d'enthousiasme, auxquels se livre quelquefois l'esprit humain? ou serait-ce que l'impossibilité d'une telle œuvre n'a pas même été soupçonnée, et que les écrivains et le public se flattent encore, les uns de resserrer, l'autre de posséder dans un seul livre tout ce qu'on peut savoir?

Il n'en est rien ; des caprices intellectuels n'ont pas tant d'étendue et de durée; la naissance de la mode encyclopédique est déjà loin de nous : une violente réaction a même eu lieu contre l'esprit qui, dans le siècle dernier, enfanta chez nous la première Encyclopédie; elle n'a point de défauts, point de lacunes, qui n'aient été mis au jour ; on s'est élevé, même avec colère et injustice, contre l'arrogante vanité d'un pareil dessein : aucune illusion, aucune espérance chimérique ne peut subsister maintenant à cet égard.

Cependant les Encyclopédies continuent, et les hommes même qui s'en plaignent en font à leur tour pour guérir le mal qu'ils les accusent d'avoir produit (2).

---

(1) Voir la Bibliographie placée à la fin de cet article.

(2) Plusieurs ouvrages de ce genre, notamment l'*Encyclopœdia britannica*, publiée par M. George Cleig (Edimbourg, 1814, 5ᵉ édit., 20 vol. in-4°), sont rédigés dans des principes directement opposés à ceux de la première Encyclopédie française.

Il y a évidemment, à cette invincible et universelle persévérance, une cause plus puissante que les prétentions de quelques philosophes. A coup sûr les Encyclopédies sont tout autre chose qu'une œuvre littéraire et savante ; la popularité leur vient d'ailleurs.

Consultons l'époque où elles sont nées. On a beaucoup parlé de la philosophie du 18e siècle, de la nouveauté de ses idées, des immenses progrès qu'elle a fait faire à l'esprit humain. Sans doute il y a eu alors des idées nouvelles, d'habiles philosophes, des progrès intellectuels ; mais ce n'est point là le grand côté du siècle ni son caractère dominant. Les théories de la sensation et de la souveraineté du peuple sont aussi anciennes que le monde ; Descartes est un plus puissant métaphysicien que Condillac ; Rousseau lui-même est plus original par son talent que par ses opinions. A part les sciences naturelles, le 18e siècle n'est pas celui qui a fait, dans le champ de la connaissance humaine, les plus importantes découvertes et les plus glorieux travaux.

Ce qui le distingue et fera sa gloire, c'est d'avoir recherché et accepté les conséquences pratiques de ses idées, d'avoir mis la science en contact avec la société. Dans l'étude de la vérité considérée en elle-même et sous un point de vue purement intellectuel, d'autres siècles ont porté plus d'originalité et de profondeur ; le premier, celui-ci a proclamé que la vérité avait droit de gouverner le monde. C'est un siècle d'application bien plus que de théorie, de civilisation bien plus que de science. Peu de chose restera de ses doctrines ; il a changé sans retour la condition de l'humanité.

Veut-on de ceci une preuve irrécusable? qu'on regarde sous quel aspect la science s'est présentée alors à l'esprit des hommes et dans quelles dispositions ils l'ont étudiée. Les siècles précédens, le 17e surtout, portaient dans cette étude un désintéressement naïf et sincère ; les esprits marchaient à la recherche du vrai sans préméditation, sans arrière-pensée, pour le seul plaisir de le connaître, sans en rien attendre ni lui rien demander de plus. Mais leurs connaissances et leurs idées n'avaient nul effet réel et pratique ; ils ne songeaient point à s'en prévaloir pour influer sur le monde extérieur, pas même pour le juger ; et, dans leurs rapports avec l'état social, les doctrines étaient sans conséquence et la vérité sans pouvoir. Le 18e siècle au contraire n'a point cultivé les sciences morales pour elles-mêmes et d'une façon désintéressée ; une intention étrangère à la science y préoccupe évidemment les esprits ; en philosophie, en histoire, c'est un but déterminé d'avance qu'ils poursuivent ; ils ont besoin de certains résultats ; la vérité est pour eux un moyen ; ils la cherchent comme un argument au profit d'une cause, comme une arme pour un combat. En revanche la science est devenue pratique, la vérité puissante ; elles ne se tiennent plus à l'écart du monde réel ; elles l'examinent et le jugent, et le somment de se régler selon leurs lois : le droit réclame l'empire sur le fait ; les doctrines sont des événemens.

Filles du 18e siècle, les Encyclopédies portent le même caractère ; elles ont pour objet le progrès de la société plutôt que de la science ; comme œuvre philosophique, leur valeur ne saurait être grande ; comme moyen de civilisation, leur mérite est immense : c'est là leur vraie nature et la vraie cause de leur succès.

Comment une Encyclopédie serait-elle une œuvre philosophique ? l'unité y manque nécessairement. Que des hommes, liés par la similitude de leurs opinions et de leurs vœux, mettent en commun leurs travaux pour agir ensemble et dans le même sens sur leurs contemporains, de là naît sans doute une sorte d'unité pratique, suffisante pour imprimer à cette œuvre collective une direction bien déterminée, et produire au dehors de grands résultats. Celle-là peut se rencontrer dans une

Encyclopédie. Mais il y a bien loin de cette unité imparfaite et grossière, bonne seulement pour l'action, à l'u-
nité pure et véritable qui domine dans l'esprit du poëte,
de l'artiste ou du philosophe, qui coordonne, pénètre,
vivifie toutes les parties d'une grande composition, et
en fait, pour ainsi dire, un corps harmonique et animé.
Celle-ci ne peut naître que de la pensée d'un homme; aucune coalition, aucune combinaison factice ne saurait la
produire; une société de philosophes ne peut pas plus
enfanter un grand ouvrage philosophique qu'une société
de poëtes une épopée ou une tragédie.

Nos encyclopédistes refusèrent d'accepter cette impossibilité; leur temps était celui de l'ambition et de l'espérance; ils se flattaient de réduire en système tout le
savoir de l'homme, et voulaient faire, de leur ouvrage,
non seulement un moyen d'influence, mais un monument. Ils imaginèrent de commencer par une classification systématique des connaissances humaines, et un
tableau imité de celui de Bacon fut chargé d'imprimer
à l'Encyclopédie un grand caractère d'ensemble et
d'unité.

C'était une singulière idée que de placer un tel tableau
en tête d'un dictionnaire où les articles sont jetés pêle-
mêle, selon les hasards de l'alphabet, et d'inscrire ainsi
un système au dessus du chaos. On essaya, par des renvois indiqués à chaque article, de remédier à cet inconvénient et d'établir, entre l'arbre encyclopédique et
l'Encyclopédie elle-même, quelque relation. Mais l'unité
ne peut être le résultat de tels artifices mécaniques; on
aurait beau numéroter, selon leur ordre légitime, des
membres épars, exécutés par des artistes différens et
confusément entassés, nul n'y verrait une statue. En
dépit des renvois, l'arbre encyclopédique et l'Encyclopédie sont demeurés étrangers l'un à l'autre; l'unité a
été affichée sur le frontispice; elle n'a point pénétré
dans le monument.

Elle y aurait pénétré en vain : quand, au lieu de suivre simplement l'ordre alphabétique, on aurait savamment distribué les matières et les articles selon la classification établie par Bacon ou d'Alembert, l'Encyclopédie n'en serait pas devenue une œuvre plus philosophique; l'unité véritable n'y aurait pas moins manqué.

Une classification ne suffit point pour la produire. Les classifications n'ont communément pour objet que d'établir entre les faits un certain ordre à l'aide duquel l'esprit les puisse voir, comprendre et retenir facilement. L'unité qui en résulte, purement extérieure et pratique, est presque toujours artificielle, arbitraire, et pourrait être obtenue par mille procédés différens. Qui ne sait que dans toutes les sciences, naturelles, historiques, morales même, on a imaginé et employé une multitude de classifications diverses qui toutes, une fois établies et acceptées, ont eu le même mérite, savoir de servir à l'intelligence de guide, à la mémoire de soutien? Les faits peuvent être considérés sous plusieurs aspects et se lient les uns aux autres par des rapports divers ; selon qu'on adoptera tel ou tel de ces rapports pour principe de la classification, elle variera sans cesser d'atteindre son but.

L'arbre encyclopédique de Bacon et de d'Alembert n'est qu'une classification de ce genre. Ils en ont cherché le principe dans la diversité des facultés humaines; ils ont distingué la mémoire, la raison et l'imagination, et classé les sciences et les arts selon leur rapport avec l'une ou l'autre de ces facultés. Sans examiner ici le mérite du principe même de cette classification, sans rechercher si de telles distinctions entre les facultés humaines sont autre chose qu'un moyen d'observation et d'étude, qui ne voit qu'on pourrait classer les sciences et les arts d'après un grand nombre de principes différens? On pourrait, par exemple, chercher le moyen de classification dans le monde extérieur, non dans l'esprit humain, et

distribuer les sciences et les arts selon leur objet ; la distinction commune des trois règnes, c'est-à-dire de la
nature inorganique, organisée et animée, deviendrait
ainsi la base d'un arbre encyclopédique aussi complet,
aussi régulier que celui qu'ont élevé Bacon et d'Alembert
sur la distinction, plus arbitraire et plus vaine peut-être,
de nos facultés. On pourrait trouver dans l'opposition
de l'homme et du monde, du spectacle et du spectateur,
du *moi* et du *non moi*, un principe de classification pris,
comme le leur, au dedans de nous-mêmes et pourtant
fort différent. On pourrait aussi distribuer les sciences
et les arts selon leur généalogie et dans l'ordre de leur
naissance et de leur développement. Considérées sous un
point de vue vraiment philosophique, toutes ces classifications encourraient de graves reproches; mais prati-
quement elles auraient toutes à peu près les mêmes avantages et produiraient le même résultat.

D'Alembert lui-même l'a fort bien senti et s'est em-
pressé de le déclarer : « Comme dans les cartes générales
« du globe que nous habitons, dit-il, les objets sont plus
« ou moins rapprochés et présentent un coup d'œil dif-
« férent selon le point de vue où l'œil est placé par le géo-
« graphe qui construit la carte, de même la forme de
« l'arbre encyclopédique dépendra du point de vue où
« l'on se mettra pour envisager l'univers littéraire. On
« peut imaginer autant de systèmes différens de la con-
« naissance humaine que de mappemondes de différentes
« projections..... Nous sommes trop convaincus de l'ar-
« bitraire qui règnera toujours dans une pareille division
« pour croire que notre système soit l'unique ou le meil-
« leur..... Il ne faut donc pas attribuer à notre arbre
« encyclopédique plus d'importance que nous ne préten-
« dons lui en donner; c'est une espèce de dénombre-
« ment des connaissances qu'on peut acquérir, dénom-
« brement frivole pour qui voudrait s'en contenter,

« utile pour qui désire d'aller plus loin (1). » Dans l'article *Encyclopédie*, Diderot a exprimé la même idée (2): esprits bien supérieurs à leurs propres ouvrages, l'un et l'autre ne voulaient pas qu'on pût les accuser de se méprendre sur le vrai caractère d'un travail dont l'Encyclopédie, comme œuvre philosophique du moins, attendait pourtant toute son unité.

Les classifications n'ont de valeur réelle et scientifique qu'autant qu'elles sont l'expression d'une idée, le résultat d'un système sur le fond même des questions que la science a pour objet; et leur mérite dépend alors de celui de l'idée qu'elles expriment, du système qui les produit. Qu'un physiologiste, par exemple, découvrant la loi générale des phénomènes de la vie et de leurs rapports avec l'organisation, en déduise une classification des êtres animés, celle-ci ne sera plus une œuvre arbitraire et d'ordre purement extérieur, car elle mettra au jour, sous ses diverses formes et dans toutes ses ramifications, le fait simple et primitif qui régit cette portion de la nature. Mais des classifications de ce genre et vraiment philosophiques sont nécessairement d'une portée restreinte; c'est seulement dans des sciences spéciales qu'on peut se flatter d'y parvenir. Une telle classification encyclopédique est impossible, car elle aurait pour objet la totalité des faits et des êtres; elle exigerait que l'homme pût comprendre le système général de l'univers et en démêler le principe, qu'il se fût posé au sein de l'unité suprême et infinie pour contempler de là toutes choses et saisir le lien qui les unit. Les limites de sa puissance et de sa science sont inconnues, mais elles ne vont point jusque là.

---

(1) *Discours préliminaire de l'Encyclopédie*, p. 15, 19, édit. in-fol. de 1751.

(2) *Encyclopédie*, t. 5, p. 640, au *verso*.

Une Encyclopédie ne saurait donc être un système régulier et complet, une œuvre vraiment philosophique ; on ne parviendrait jamais à lui donner qu'une unité imparfaite, arbitraire, apparente : l'unité véritable qu'elle exigerait surpasse les forces de l'humanité.

Est-ce du moins un moyen direct de faire faire aux sciences de grands et rapides progrès ?

Il est permis d'en douter, par deux raisons surtout qui, malgré leur opposition apparente, concourent au même résultat.

On ne sait pas quel degré de désintéressement, quel éloignement de toute vue étrangère au travail même, anime les hommes qui se vouent à la science, quel que soit son objet. Ils l'aiment et la cultivent pour elle seule, pour le seul plaisir de découvrir la vérité, par cette noble soif de connaître, privilège sublime de notre nature, sans aucune idée, je ne dis pas d'intérêt personnel, mais d'application quelconque, sans songer que leurs travaux pourront avoir quelque autre résultat. Il semble que l'homme, pour atteindre à la vérité, ait besoin de concentrer vers ce but toutes ses forces, et qu'aucune intention, aucune pensée ultérieure ne le vienne distraire d'un si grand dessein. En revanche ce n'est qu'à un tel désintéressement, à ce complet oubli du monde extérieur et de soi-même, qu'il a été donné de faire faire aux sciences leurs plus glorieux progrès. Qu'on cite un exemple de grandes découvertes scientifiques, de grandes vérités obtenues par un autre mobile que le seul amour de la science et de la vérité : dans les sciences morales, exactes et naturelles, dans les temps anciens et modernes, Platon et Archimède, Newton et Descartes, Lagrange et Haüy, tous les hommes dont le nom rappelle les conquêtes de l'esprit humain, peuvent être apportés en preuve que, par une dispensation admirable, la Providence attache en ceci le triomphe à la pureté de la passion.

Or une Encyclopédie est toujours, jusqu'à un certain point, une œuvre pratique, conçue dans un dessein applicable au monde extérieur, et dont la science n'est pas le but unique, ni même dominant. Ce n'est point de là que peut venir l'impulsion qui fait découvrir le système du monde, ou sonder les mystères de la destinée humaine. Il faut, à de tels travaux, une plus entière abnégation de tout projet, et toute la liberté de la pensée affranchie du fardeau des choses d'ici-bas.

Il y faut aussi la perspective d'une gloire personnelle, claire, sans partage. On ne fait point de grandes découvertes scientifiques par voie d'association et en commun; elles sont le fruit de méditations solitaires, et celui qui s'y livre a besoin, pour récompense, que sur lui seul aussi tombent et s'arrêtent les regards. Or une Encyclopédie est une œuvre immense et qui n'appartient à personne; chaque science s'y perd dans la foule des sciences, chaque homme dans la foule des hommes; chacun y peut apprendre quelle petite place il occupe, lui et son savoir, dans l'océan de la connaissance humaine : vue excellente pour rabattre l'orgueil d'Alcibiade, mais peu propre à échauffer les savans de ce zèle passionné qui leur fait oublier l'importance relative de leurs travaux pour ne songer qu'à leur noble but, la conquête de la vérité.

Enfin, les hommes qui font faire aux sciences de grands pas ne peuvent s'adresser et ne s'adressent guère en effet à ce vaste public auquel les Encyclopédies sont destinées; partant du point où la science est arrivée parmi les savans, c'est pour les savans seuls qu'ils écrivent, et leurs ouvrages sont spéciaux comme le public capable de les juger. Une Encyclopédie traite de toutes choses, et pour toutes sortes de lecteurs; ce n'est point là le lieu que l'auteur d'une découverte vraiment scientifique choisira pour la mettre au jour.

Mais si la lumière se concentre dans un foyer, c'est

pour se répandre sur le monde; la science a un autre
but que de satisfaire une noble curiosité; la vérité est
aussi féconde que belle; il est donné à peu d'hommes de
la découvrir, mais il appartient à tous de la reconnaître
et de recueillir ses bienfaits; aux progrès de l'esprit humain doivent correspondre ceux de l'espèce humaine;
considéré dans son existence terrestre, c'est pour la civilisation, pour le développement et l'amélioration de
l'état social, que l'homme vit et travaille. Ici commence
la vraie tâche des Encyclopédies et se déploie toute leur
utilité.

Et d'abord, pour ne parler que de leur effet le plus
général, elles ont un noble mérite : par la grandeur
seule du spectacle scientifique qu'elles exposent aux
yeux du public, elles éveillent, propagent, fortifient
ce respect et ce goût de la science qui est peut-être
le premier moyen, et, à coup sûr, l'indispensable
condition de la civilisation et de ses progrès. Comme de
grands et hardis monumens donnent, du peuple qui les
entreprit, une haute idée, et le font admirer de siècle en
siècle, de même ce monument des travaux de l'esprit
humain fait naître, dans l'âme de ceux qui le contem-
plent, un profond sentiment de sa puissance et de ses
droits. En y regardant de près, on reconnaîtra les défauts de l'édifice, le manque de proportions, les lacunes,
peut-être même l'instabilité des fondemens; il n'en est
pas moins vrai que l'impression commune qu'il suscite
est morale, utile, et, si je puis ainsi parler, civilisante;
c'est une impression d'estime pour le savoir, d'affection
pour la vérité, de respect pour l'ordre intellectuel, de
zèle pour le service de l'humanité. Elle a ses périls
comme toute chose; elle peut devenir orgueil, folle confiance; elle peut contribuer à jeter les hommes dans
de funestes erreurs; mais, à tout prendre, le bien domine dans sa nature comme dans ses effets; elle appartient à des temps de progrès et de gloire; et le siècle qui

n'en serait pas susceptible serait bien près de la plus triste, de la seule vraie décadence; la vie intellectuelle lui manquerait.

Les Encyclopédies l'entretiennent, la fomentent, la développent, même dans des esprits qui ne l'auraient jamais connue, qui peut-être n'en auraient jamais conçu le désir. Un théologien philosophe, aujourd'hui l'honneur de l'Écosse, M. Chalmers, a fait cette judicieuse remarque, qu'il n'en est pas des besoins intellectuels comme des besoins physiques d'autant plus pressans qu'on tarde davantage à les satisfaire; la faim, la soif, ne cessent de croître si on ne les apaise pas, et deviennent enfin des tourmens intolérables : la nature morale de l'homme n'a point cette exigence invincible et spontanée; elle s'engourdit si rien ne la provoque, et, plus l'aliment qui lui convient lui manque, plus elle se résigne à s'en passer. C'est le fatal effet de l'ignorance comme de la servitude, que l'homme finit par y perdre le sentiment de sa misère et le désir d'y échapper. Que son intelligence au contraire ait approché de la vérité, elle en deviendra chaque jour plus avide; si notre nature morale a besoin d'être excitée, elle possède en revanche ce privilége qu'elle ne peut connaître ni épuisement, ni satiété, ni fatigue même, et que l'exercice redouble ses forces et la jouissance ses désirs. Or les Encyclopédies, plaçant une foule d'idées et de faits à la portée d'une foule d'hommes qui n'y songeaient point, qui sans cela peut-être n'en auraient jamais entendu parler, font pénétrer partout et arriver, pour ainsi dire, de toutes parts, cette provocation dont notre intelligence a besoin. Les ouvrages spéciaux ne parviennent qu'aux hommes qui les demandent et ont formé d'avance le dessein de s'en servir. Par la voie des Encyclopédies, les connaissances de tout genre vont au devant de tous les lecteurs; les regards de celui qui s'occupe d'histoire y tomberont sur un article de philosophie; y

cherchez-vous le sens de quelque terme? l'explication
pratique d'un art appellera votre attention. C'est comme
un vaste bazar intellectuel où les résultats de tous les
travaux de l'esprit humain s'offrent en commun à quiconque s'y arrête un moment, et sollicitent à l'envi sa
curiosité.

Je sais, et me suis hâté de le dire, qu'ainsi ne naîtra
point une instruction profonde, et qu'à celui qui
voudra faire, de telle ou telle science, l'objet de son
étude, les traités spéciaux seront toujours nécessaires.
Mais, dans l'ordre moral comme dans la société civile,
le temps du privilége exclusif est passé sans retour; en
fait de science comme de gouvernement, une classe
nombreuse s'est formée qui, sans y consacrer sa vie, ne
doit et ne veut plus y demeurer étrangère, empressée de
cultiver son intelligence, capable de prendre plaisir,
ne fût-ce qu'en passant, à la contemplation de la vérité.
C'est à cette bourgeoisie du monde intellectuel que les
Encyclopédies sont surtout destinées; elle y trouve réu-
nies, résumées, taillées, pour ainsi dire, à sa mesure,
des connaissances qu'elle n'aurait pas le loisir d'étendre
plus loin ni de chercher ailleurs. On a beaucoup parlé,
et avec raison, de ses conquêtes et de son influence dans
l'ordre politique; chaque jour, dans nos manufactures,
les produits de tout genre s'adaptent de plus en plus à
ses besoins et à ses moyens : par quelle absurde exception n'aurait-elle pas aussi, dans l'ordre intellectuel, ses
droits et son empire? Parce que la science n'est pas sa
vocation spéciale et dominante, faut-il que ses conve-
nances et ses goûts en fait d'étude ne soient pas consul-
tés et satisfaits? Que l'aristocratie savante ne s'y trompe
point; il y aurait pour elle, à s'isoler avec dédain, la
même erreur, le même péril, qui ont perdu tant d'autres
aristocraties; la prospérité des hautes sciences mêmes
est étroitement liée aux progrès scientifiques de la classe
moyenne; là ne réside point, il est vrai, le public spé-

cial auquel les savans s'adressent et dont le suffrage fait leur récompense; mais là se forme ce public général dont l'activité intellectuelle alimente et soutient celle de tous les autres, qui ne décide point des renommées, mais qui les accepte et les propage; public véritable pour qui se font en définitif toutes choses, et qui ne peut languir dans l'ignorance ou l'apathie sans que la langueur atteigne bientôt ces régions supérieures du savoir, où un imprudent orgueil se permet quelquefois de le dédaigner.

Là même du reste les Encyclopédies exercent directement une influence salutaire; elles font tomber les barrières qui séparent les sciences diverses, et les contraignent à ne pas s'ignorer réciproquement. Le régime des castes a long-temps prévalu dans le monde savant; de même qu'il n'y avait presque aucune relation entre les savans et le peuple, de même les savans demeuraient presque absolument étrangers les uns aux autres; médecins, jurisconsultes, théologiens, érudits, artistes, chacun vivait renfermé dans son étude comme un moine dans son ordre; les sciences même les plus étroitement liées par leur objet et leurs moyens, la médecine et la chirurgie par exemple, étaient rigoureusement séparées; aussi, à l'exception des hommes de génie, comme Descartes, Gassendi, Leibnitz, l'esprit des savans manquait en général d'étendue et de liberté; et plus on pénétrait dans les professions qui appliquent la science aux besoins de la vie commune, plus les inconvéniens de cette classification monacale devenaient choquans et fâcheux. Les Encyclopédies la font disparaître; elles établissent entre les sciences une sorte de communauté, y introduisent l'esprit d'association, rapprochent les artistes des lettrés, les praticiens des philosophes, mettent enfin chaque savant en mesure de s'instruire, sans de trop longs efforts, de ce qui n'est point l'objet spécial de son étude, assez du moins pour que l'étendue nouvelle de son instruction et de ses idées tourne ensuite au profit de ses travaux. C'est le principal avantage des Universités et des Académies que tous les savans y vivent ensemble, communiquent, s'interrogent, discutent, et s'animent et s'éclairent tour à tour. Autant qu'un livre peut suppléer à la société vivante, les Encyclopédies ont cette vertu; elles entourent, pour ainsi dire, le savant solitaire de doctes et bienveillans collègues qu'il peut consulter à toute heure, et empêchent ainsi que l'isolement de sa vie et la spécialité de ses études ne resserrent dans d'étroites limites ses idées et son savoir.

Parlerai-je enfin de leur utilité commune et pratique, de l'abondante instruction, des innombrables renseignemens qu'elles fournissent et qui s'appliquent à tant de circonstances, à tant de besoins de la vie? Dans les grandes villes, au milieu de toutes les facilités, de toutes les richesses de la société humaine, on oublie trop qu'une multitude de familles indépendantes, aisées, dont le travail n'absorbe point le temps ni les facultés, vivent dans une situation toute différente, celles-ci à la campagne, celles-là dans de petites villes, éloignées de toutes ces ressources de la science et de l'industrie qui se pressent autour de nous. C'est là qu'on apprend à connaître le prix de cette science domestique qui se transporte en quelques volumes dans la solitude la plus profonde. Sans doute elle est incomplète et fautive; on se trompe souvent dans l'application qu'on en fait; mais, à tout prendre, elle éclaire et dirige plus souvent encore; elle diminue les embarras, les ennuis de l'isolement; elle rassure les imaginations: elle établit enfin, entre des milliers d'individus dispersés et les grands foyers de la science, une sorte de lien intellectuel dont l'importance et les effets se laissent difficilement apprécier.

Qu'est-ce que tout cela, sinon autant d'actes de civilisation, sinon la civilisation elle-même? Les Encyclopédies sont au nombre des innombrables procédés qu'emploie, pour accomplir son œuvre, cette puissance de perfection-

nement et de progrès, qui est l'apanage du genre humain;
elle les a fait inventer comme elle a fait inventer l'écri-
ture, l'imprimerie, les journaux, la navigation, les ca-
naux, tous les moyens de communication, matérielle ou
intellectuelle, entre les hommes; et c'est ainsi qu'elle
poursuit incessamment son but, qui est de développer de
plus en plus la nature humaine, d'appeler chaque jour
un plus grand nombre d'individus à l'activité de l'intelligence, à la jouissance des biens de l'état social.

Veut-on s'assurer, par une dernière voie, que telles
sont en effet l'utilité des Encyclopédies et leur vraie destination? Qu'on examine les divers reproches qu'elles
ont encourus: les uns tombent sur les Encyclopédies
considérées comme œuvre philosophique, et ils sont
presque tous fondés; les autres s'adressent aux Encyclopédies considérées comme moyen de civilisation, et ils
sont tous illégitimes, car on pourrait aussi bien les
adresser à la civilisation elle-même. Sous le premier point
de vue, on a reproché aux Encyclopédies l'impossibilité
de tenir ce que promet leur nom, le manque d'unité
qui y règne dans les doctrines, même lorsqu'elles ont
une tendance pratique bien déterminée, la dispro-
portion des parties, celles-ci maigres et mutilées,
celles-là portées à un excessif développement, etc., etc.
Tout cela est vrai, et on ne m'accusera pas d'avoir
cherché à le dissimuler. Sous le second point de vue,
les Encyclopédies, dit-on, répandent une science incomplète, et la répandent au hasard, sans savoir
si les esprits sont préparés à la recevoir, quel usage
ils en feront, si même ils en ont envie et la demandent; elles provoquent par là, ou du moins elles
favorisent une activité intellectuelle intempestive et
mal répartie; elles propagent trop vite, dans la société
tout entière, les idées qui naissent dans la région supé-
rieure, et ne devraient pas en sortir avant d'avoir subi
l'épreuve du temps; elles font ainsi beaucoup de demi-

savans, enfantent la présomption, la légèreté des opinions, des études, et tous les défauts qui en résultent
pour les individus, et tous les dangers qui en peuvent
naître pour les peuples. Je ne discuterai point ici tant
de graves accusations; je me bornerai à demander s'il
en est une seule qu'on ne puisse intenter également
contre l'imprimerie, la liberté de la presse, les journaux, l'active circulation des idées et des capitaux, en
un mot contre la civilisation elle-même. Il est vrai, elle
ne purge point l'homme de tout vice et n'affranchit
point la société de tout péril; elle développe, au contraire, toutes les dispositions de sa nature, toutes les
chances de sa destinée. Mais cela convenu, il n'en reste
pas moins évident que la civilisation est la vie même de
l'espèce humaine, la loi, le but, la gloire de son activité
sur la terre; que les peuples chez qui elle prospère sur-
montent les plus dures épreuves, survivent aux plus
grands revers; que ceux chez qui elle s'arrête dépéris-
sent et meurent, même au sein de la paix, sans accidens
et sans ennemis. Qui osera dire qu'il faut l'étouffer? Qui
repoussera les moyens de seconder son développement?

Puisque c'est là le mérite des Encyclopédies, de là
aussi doivent dériver les lois de leur composition; et
c'est comme moyen de civilisation, non comme ouvrage
philosophique, qu'elles doivent être conçues et exé-
cutées.

Dans ce dessein, deux conditions fondamentales leur
sont imposées: il faut qu'elles soient 1° à la portée du
public auquel elles s'adressent; 2° au niveau des connaissances et des idées qu'elles veulent lui communiquer.

Le simple énoncé de ces deux conditions laisse voir
que les premières Encyclopédies, entre autres l'Encyclopédie française, n'y ont point satisfait, ou du moins n'y
satisfont plus aujourd'hui.

D'une part, en effet, elles sont si considérables et si

chères qu'elles ne sauraient pénétrer partout où le besoin s'en fait sentir; d'autre part, elles sont stationnaires au milieu d'une civilisation progressive, pareilles en quelque sorte à ce travail du cadastre, si vaste et si lent qu'à peine terminé, il ne représente déjà plus l'état de la propriété territoriale, et a perdu, en partie du moins, son mérite et son utilité.

Au premier aspect, il semble que ce double vice soit inhérent aux Encyclopédies, et qu'on ne puisse se flatter de les rendre jamais accessibles à un très grand nombre d'hommes, et susceptibles, comme la science et la civilisation elles-mêmes, de perfectionnement et de progrès. Il n'en est rien; si elles n'ont pu encore suffire pleinement à leur vraie destination, c'est qu'on a méconnu leur vraie nature; c'est qu'on a prétendu en faire à la fois une œuvre philosophique et un moyen de civilisation, un monument et un instrument.

Pour qu'une Encyclopédie fût en effet une œuvre philosophique, pour qu'elle en offrît du moins l'apparence, il fallait non seulement que l'universalité des connaissances humaines y parût déposée, c'est-à-dire que chaque mot de la langue y fût l'objet d'un article, mais encore que tous les articles, presque tous du moins, eussent une certaine étendue, une certaine valeur philosophique. Sous le point de vue purement pratique, et dans l'intérêt de la civilisation commune, la plupart des articles n'auraient dû contenir qu'un résumé fort élémentaire des idées et des faits les plus importans sur la matière en question; c'était déjà une assez vaste entreprise que de donner, sur toutes choses, quelques notions à tous les lecteurs. Mais les premiers encyclopédistes, préoccupés de la grandeur systématique de leur conception, ne se seraient point résignés à n'écrire ainsi que pour le public proprement dit; ils voulaient écrire pour les savans, pour le monde lettré. L'intention pratique et civilisante (pour me servir encore de cette expression qui rend seule toute ma pensée), dominait au fond dans l'idée primitive et générale de l'ouvrage ; mais, dans l'exécution de chaque article en particulier, l'intention philosophique et littéraire prévalait ; et, que le sujet le méritât ou non, chaque auteur voulait être lu pour son compte, et que ce qu'il écrivait le mît en réputation d'esprit ou de savoir. De là tant d'articles, d'un intérêt médiocre ou très spécial, portés à une longueur démesurée ; tandis qu'en revanche, et par un effet contraire de la même cause, des matières graves, et d'un intérêt vraiment public, ne furent point traitées avec les développemens qu'elles exigeaient. L'étendue relative des articles fut donc, pour ainsi dire, en raison inverse de leur importance, et l'Encyclopédie eut le double inconvénient d'être à la fois incomplète et excessive, trop élémentaire et trop savante.

Au premier moment, les effets de ce double défaut furent peu remarqués, et même assez peu réels. L'œuvre était nouvelle et hardie ; elle imprimait aux esprits un mouvement prodigieux ; elle jetait, pour ainsi dire, à pleines mains, sur la place publique, des idées et des faits jusque là renfermés dans une étroite sphère. On fit, pour se procurer l'Encyclopédie, des efforts inouis ; elle éleva rapidement le taux moyen des connaissances communes. L'ardeur était si vive et le progrès déjà si grand que tous les besoins purent se croire satisfaits.

Aujourd'hui les dispositions ne sont plus les mêmes : d'une part, le mouvement s'est ralenti, parce qu'il a, en France du moins, atteint en partie son but ; de l'autre, les esprits sont devenus plus exigeans : les difficultés des questions sont mieux connues ; on veut des méditations plus fortes, une science plus exacte et plus complète ; le temps de l'ambition démesurée et de la confiance passionnée n'est plus. Les défauts des premières Encyclopédies sont beaucoup plus sentis et plus réels en effet qu'ils ne le furent au moment de leur publication.

Ce n'est pas tout, le public lui-même a changé de nature. Avant 1789, les principes et les besoins nouveaux prévalaient, mais les faits étaient anciens, et nulle portion de la société n'avait échappé à leur empire. A la ville comme à la cour, dans l'ordre civil aussi bien que dans les institutions politiques, parmi les bourgeois comme entre les bourgeois et les gentilshommes, sous les noms d'hérédité des charges, de jurandes, de corporations comme sous ceux de droits féodaux, seigneuriaux, etc., le privilége avait toujours régné; et partout il avait eu ses conséquences accoutumées, une inégalité factice dans la répartition des avantages sociaux, une concentration excessive de la richesse, de l'influence, du savoir. La classe moyenne elle-même était ainsi très aristocratiquement constituée; et quel que fût son élan vers un autre avenir, elle portait l'empreinte du passé, car elle avait grandi sous ses lois.

Ces lois sont tombées, et à leur suite les résultats qu'elles avaient enfantés; une nouvelle classe moyenne s'est formée, bien plus nombreuse, bien plus riche dans son ensemble qu'elle n'était jadis, mais où la richesse individuelle est plus rare. Dans l'ordre moral, une révolution de même nature s'est opérée: le goût et la nécessité de l'instruction se font sentir dans une sphère beaucoup plus étendue; mais on rencontre moins d'hommes à qui de longs et commodes loisirs aient déjà permis de se livrer à la méditation, à l'étude, sans autre but que de cultiver leur intelligence et de se distinguer par le savoir. Il y a donc beaucoup plus de familles qui ont besoin d'une Encyclopédie élémentaire; il y en a moins peut-être qui soient disposées à accueillir avec empressement, et tout entière, une grande Encyclopédie comme celle du siècle dernier.

Les mêmes phénomènes se laissent observer dans la plupart des pays de l'Europe, soit qu'ils aient subi des secousses pareilles à la révolution française, soit que le

cours naturel de la civilisation ait suffi pour y amener
des effets analogues bien que moins marqués.

Nulle part on ne les a clairement démêlés ; mais partout l'instinct des besoins sociaux s'est fait jour ; partout
on a senti, sans en bien expliquer les raisons, que les
premières Encyclopédies avaient cessé d'y répondre, et
qu'il fallait agir sur un plan nouveau.

Deux tentatives, contraires en apparence et pourtant
émanées des mêmes causes, ont eu lieu depuis trente ans
en France, en Angleterre, en Allemagne ; partout ont
paru à la fois des Encyclopédies plus populaires et des
Encyclopédies plus savantes.

En France, pendant que les éditeurs de l'*Encyclopédie méthodique* entreprenaient de donner, pour chaque
science, un dictionnaire aussi étendu, aussi complet
que si elle eût été la seule dont ils se fussent occupés, on
publiait sous les noms d'*Esprit de l'Encyclopédie, Dictionnaire portatif, Encyclopédie portative, Manuel lexique,
Dictionnaire des Sciences et des Arts*, etc., un grand nombre
d'ouvrages destinés à devenir des Encyclopédies élémentaires, à la portée de la plupart des lecteurs.

En Angleterre, on rencontre d'une part une *Encyclopédie
des Familles*, un *Dictionnaire abrégé des Sciences et des Arts*,
une *Encyclopédie britannique*, en 6 vol. in-8°, des *Élémens de
toutes les sciences*, etc. ; de l'autre, trois vastes Encyclopédies, dont la dernière, celle d'Édimbourg, contient, sur
les principales questions de la science humaine et de
l'état social, des articles qui sont de grands ouvrages.

En Allemagne, à côté de l'*Encyclopédie générale des
Sciences et des Arts*, publiée par MM. Ersch et Gruber, et
encore bien éloignée de son terme, ont paru un *Manuel
encyclopédique*, une *Encyclopédie économique*, un *Abrégé de
l'Encyclopédie économique*, un *Lexique* ou *Dictionnaire de la
Conversation*, etc., etc. (1)

_____

(1) Voyez la *Bibliographie* placée à la fin de cet article.

Partout, comme on voit, les travaux oncyclopédiques ont eu la même tendance, la réforme du double vice que j'ai signalé dans les premières Encyclopédies, trop savantes pour le public en général, trop abrégées dans les grandes questions.

De ces diverses tentatives, deux surtout, le *Dictionnaire de la Conversation* en Allemagne, l'*Encyclopédie d'Edimbourg* en Écosse, ont obtenu un immense succès: par quelles raisons?

Le *Dictionnaire de la Conversation*, publié à Leipzig par le libraire Brockhaus, est la plus complète des encyclopédies populaires. L'éditeur ne s'est rendu compte bien nettement ni de son dessein, ni des besoins auxquels il s'adressait; son ouvrage n'est point exécuté d'après une idée simple et suivie avec persévérance dans toutes ses applications : beaucoup d'articles y manquent; certaines parties, la Biographie des hommes vivans par exemple, y occupent une fort grande place, tandis que d'autres, comme les arts et métiers, y sont très incomplètes. Cependant le livre est conçu dans une vue vraiment pratique, l'instruction générale des classes qui n'ont pas le temps de devenir savantes; l'éditeur ne s'est laissé détourner de ce but par aucune prétention scientifique ou littéraire; il s'est appliqué à recueillir, sur une infinité de sujets, les explications, les faits, les connaissances de l'usage le plus étendu et le plus journalier; il a resserré dans un étroit espace cette masse énorme de notions élémentaires; et malgré les défauts de son travail, bien qu'il pût être beaucoup plus complet, beaucoup plus constamment fidèle à l'idée première dont il émane, il en est déjà à sa sixième édition(1), se trouve presque dans toutes les familles un peu aisées, et a puissamment contribué à cette civilisation com-

***

(1) Douze volumes, fort in-8°. — Leipzig, 1824.

mune, à cette instruction domestique, plus répandues
en Allemagne que partout ailleurs.

Les auteurs de l'*Encyclopédie d'Édimbourg*, publiée sous
la direction de M. Brewster, ont travaillé sur un plan et
dans un but directement contraires : que sert, ont-ils
pensé, cette multitude de petits articles dont les grandes
Encyclopédies sont surchargées? ils se rapportent en
général à des mots insignifians ou d'un emploi rare,
qu'on trouve expliqués partout, ou dont on n'est presque jamais conduit à chercher l'explication ; et cependant ils occupent un espace immense, et ne permettent
pas, même dans les plus volumineuses Encyclopédies,
de traiter les matières importantes avec l'étendue et le
soin qu'elles exigeraient. Il faut écarter ce remplis-
sage, sans utilité comme sans mérite, qu'on n'insère
dans les Encyclopédies que pour leur donner la trom-
peuse apparence d'une exposition complète de la science
humaine; il faut choisir les sujets d'un intérêt vraiment
général, auxquels se rattachent beaucoup de faits ou
d'idées, et les traiter de manière à donner satisfaction
même aux hommes instruits et d'un esprit exigeant.

Ce plan a été exécuté. Sur toutes les grandes questions des sciences morales, politiques, historiques, naturelles, exactes, sur tous les sujets de quelque importance philosophique ou pratique, l'Encyclopédie d'É-
dimbourg contient de vrais traités où les hommes les
plus distingués ont déposé le fruit de leurs méditations
et de leurs travaux. Et le succès a couronné l'entreprise :
comme le *Dictionnaire de la Conversation* a pénétré, en Allemagne, jusque dans la plus petite bourgeoisie, de même
l'*Encyclopédie d'Édimbourg* est devenue, en Écosse, le
manuel des hommes éclairés ; et partout où se forme
une bibliothèque commune, une société de lecture, c'est
l'un des premiers ouvrages qu'on a soin d'y placer.

Quel est le caractère commun de ces deux Encyclopédies si diverses d'origine, d'intention, de but, de mé-

rite? l'une et l'autre ont été conçues dans un dessein purement pratique, sans vue systématique, uniquement pour satisfaire à certains besoins sociaux, pour propager l'instruction et hâter la marche de la civilisation, l'une parmi les hommes déjà instruits ou qui peuvent consacrer assez de temps à s'instruire, l'autre dans cette classe si nombreuse qui ne veut pas rester ignorante, quoiqu'elle ait, pour étudier, peu de loisir.

En ceci donc, comme il arrive presque toujours, le fait a précédé la théorie et résolu la question de la vraie nature des Encyclopédies avant qu'on eût songé à la poser.

Il faut croire aux faits, surtout quand ils se développent spontanément et avec liberté, comme le résultat du cours naturel des choses, non comme l'œuvre de la préméditation humaine, toujours étroite et arbitraire. Les vices qu'ils ont mis au jour dans le plan des premières Encyclopédies n'ont rien qui doive surprendre, car ce sont les vices du 18e siècle tout entier, et dans tous ses travaux. Ce fut l'erreur générale de cette époque de se croire en possession d'une science complète, capable de suffire à tout, et à laquelle tout devait s'assujettir. Par une contradiction qui n'est étrange qu'en apparence, jamais les esprits n'avaient été si préoccupés d'intentions pratiques et du besoin d'appliquer les idées aux faits, et en même temps jamais ils n'avaient ressenti pour les faits tant de dédain ; jamais ils n'avaient tenu si peu de compte des exemples, des souvenirs, des diversités, des obstacles, de toutes les circonstances réelles et extérieures. Au milieu d'espérances et de projets fort étrangers à la science, un désir passionné de rigueur et d'unité scientifique prévalait partout ; et, de tous les grands siècles, celui qui peut-être a le moins cultivé la théorie pure est précisément celui où les théories ont obtenu la foi la plus aveugle et la plus fanatique soumission. L'expérience a promptement fait voir combien de mécomptes

traînait à sa suite cette unité factice et prématurée ;
les faits méconnus se sont vengés en démentant les doctrines, et l'esprit humain a été forcé de s'avouer que les
choses n'étaient pas si simples, ni sa science aussi complète, ni sa puissance aussi irrésistible qu'il s'en était
flatté. Ce qui s'est passé à l'égard des Encyclopédies
n'est qu'une petite scène de ce vaste spectacle, un corol-
laire de cette grande erreur. Là, comme en matière de
gouvernement, on n'a point songé à la diversité des situations, des dispositions, des besoins, à l'inégalité des
lumières, des fortunes ; on a voulu croire que le public
auquel on s'adressait était un et homogène, et qu'un seul
et même ouvrage devait convenir et suffire également à
tous les lecteurs. La méprise était profonde. Sous ces
noms de *public, peuple, société,* se cachent une multitude
de sociétés, de publics, de peuples prodigieusement divers, dont les besoins et les moyens intellectuels dif-
fèrent peut-être davantage que leurs costumes et leurs
manières. Le poëte, l'artiste, le philosophe même, s'in-
quiètent peu de ces différences : librement abandonnés à
leur imagination ou à leur pensée, leur travail seul les
préoccupe : les uns recherchent la vérité pure ; les autres
s'adressent aux dispositions universelles et permanentes
de la nature humaine, à des sentimens toujours semblables dès qu'ils existent, à des facultés qui, pareilles aux
dieux d'Homère, touchent à leur but dès qu'elles se
mettent en mouvement. Mais quand on descend de cette
haute région où il ne s'agit que d'émotions ou d'idées,
quand on veut exercer sur le monde réel une influence
directe et pratique, quand il faut gouverner, civiliser,
instruire, alors la condition sociale, le degré de civilisation, de loisir, de lumières sont des faits impérieux
qu'il faut bien prendre en considération ; et la même Encyclopédie ne convient pas plus que les mêmes écoles
à toutes les classes de citoyens.

Le temps est venu de comprendre cette infinie variété

des faits et de lui rendre hommage : les esprits y sont enclins; ils sentent que la liberté est à ce prix, que toute unité factice n'est que vanité ou tyrannie; ils reconnaîtront sans peine que la publication d'Encyclopédies diverses, de science et d'étendue fort inégales, est une conséquence des faits mêmes, une loi imposée par la nécessité de satisfaire à des besoins très différens et également réels.

Mais notre siècle a bien plus à faire que de constater les erreurs du 18ᵉ et de les fuir: ce travail de critique terminé, il faut qu'à son tour il se porte en avant, entre en possession de vérités nouvelles, et les manifeste par ses œuvres. Si nous nous bornions à reconnaître les diversités sociales et le devoir d'en tenir compte, nous ne ferions que répéter ce que disaient aux philosophes leurs adversaires; il y a long-temps que leur erreur en ceci a été signalée; mais elle l'a été presque toujours à mauvaise intention, dans le seul dessein de rendre la société stationnaire, en lui imposant le respect de toutes les diversités, de toutes les inégalités, de tous les faits sans exception ni examen. Il est réservé à notre temps de déjouer ce perfide emploi de la vérité, de mettre le respect des faits en accord avec les progrès de l'état social, de faire servir la révélation des méprises de la philosophie au triomphe de la raison.

Il est vrai : dans toute société, grande surtout et ancienne comme la nôtre, se rencontrent une multitude de situations diverses, de développemens inégaux de la nature humaine, qu'on peut considérer comme autant de degrés de l'échelle de la civilisation. Cependant un certain lien subsiste entre toutes ces classes, car elles forment un seul peuple, et, quelque inégales qu'elles puissent être, elles ne sont point étrangères l'une à l'autre; une même destinée les domine; elles peuvent se craindre ou se respecter, se servir ou se nuire, mais non s'isoler.

Or qu'arrive-t-il, sans secousse, sans dessein, par le simple cours des choses, partout où la société grandit et prospère? les relations des diverses classes se multiplient; des croyances, des sentimens, des intérêts communs les rapprochent et les unissent de plus en plus; on passe plus aisément, plus fréquemment de l'une dans l'autre ; un mouvement général et ascendant règne sur toute l'échelle; les rangs supérieurs deviennent plus pressés, et pèsent cependant moins durement sur les rangs inférieurs. Qu'on interroge l'histoire; qu'on jette les yeux sur l'âge de croissance, de force, de gloire de tous les peuples; c'est là ce qui s'est toujours passé dans leur sein.

Le rapprochement progressif de toutes les classes, la tendance à l'unité par le libre développement des diversités, telle est donc la loi ou plutôt le fait même de la civilisation ; tel est le cours naturel de la vie dont il a plu à la Providence d'animer ces êtres collectifs qu'on appelle des sociétés.

Toute organisation sociale qui, après avoir reconnu les différences de situation, de civilisation, de lumières, par où se distinguent les diverses classes de citoyens, tendrait d'une part à isoler ces classes l'une de l'autre, parce qu'elles sont diverses, d'autre part à les rendre stationnaires dans leurs diversités, serait donc radicalement vicieuse et en contradiction avec la marche spontanée, la force vitale du genre humain.

Le problème de l'organisation sociale consiste donc en ceci : respecter les diversités, les inégalités de fait, en tenir compte en toute occasion ; et, en même temps, établir, entre les classes qu'elles séparent, des liens nécessaires, des rapports tels qu'elles ne puissent s'ignorer réciproquement, que la circulation demeure toujours libre et ouverte de l'une à l'autre, qu'elles se sentent enfin constamment sollicitées et même contraintes l'une par l'autre à marcher ensemble dans la carrière du perfectionnement.

C'est, je crois, la mission spéciale, et ce sera le mérite

nouveau de notre siècle, de bien comprendre et de poser
nettement ce grand problème, d'en accepter franche-
ment toutes les conditions, de ne sacrifier ni la tendance
à la réalité, ni la réalité à la tendance, d'assurer enfin
les libertés en repoussant toute unité factice, mais sans
cesser de croire et d'aspirer à cette unité véritable et
pure vers laquelle l'humanité s'avance constamment,
quoiqu'il ne lui soit pas donné de l'atteindre.

Je redescends de l'organisation des sociétés à la composition des Encyclopédies, et je reconnais que, dès
qu'on veut agir sur le public entier et servir la civilisation en général, quelque moyen qu'on emploie, qu'on
procède par des lois ou par des livres, le même problème
se rencontre et réclame la même solution.

De même qu'il est indispensable de publier des Encyclopédies diverses et inégales, en rapport avec les besoins divers et les moyens inégaux des diverses classes
de lecteurs, de même il convient de les rapprocher, de
les lier, d'établir entre elles une correspondance telle
qu'elles se soutiennent et se complètent réciproquement,
que l'une mène à l'autre, et qu'à côté des sources d'une
instruction moyenne coulent parallèlement les sources
d'une science plus profonde, toujours voisines bien que
séparées, toujours accessibles à quiconque y voudra
puiser.

Je suppose l'existence d'une bonne Encyclopédie élémentaire, contenant sur tous les mots de la langue, tant
usuelle que scientifique, les notions et les renseignemens
les plus utiles au plus grand nombre des lecteurs. Elle
est, dans une multitude d'occasions, prodigieusement
incomplète; mais, loin de cacher son insuffisance, elle
la proclame hautement; car, dans tous les articles dont
l'importance surpasse évidemment l'étendue, elle prend
soin de l'indiquer, et renvoie le lecteur à une autre Encyclopédie, fort incomplète à son tour quant au nombre
des mots, mais qui en revanche traite avec détail tous

les sujets qu'elle admet dans son enceinte, s'adresse à quiconque veut faire des grandes questions une étude plus attentive, et peut même, si la convenance s'en fait sentir, livrer séparément au public les petits traités qu'elle rassemble sous un même lien. Les richesses de la connaissance humaine sont ainsi classées de telle sorte que chacun les trouve à sa portée, est libre d'en prendre ce qu'il en peut employer; et cependant les parts n'en sont point faites, mesurées, distribuées à chacun d'une façon définitive, comme s'il n'avait droit à rien de plus. Des différences sont reconnues et prises en considération ; aucune barrière n'est élevée ; une intime et continuelle correspondance s'établit au contraire entre les divers degrés de science et de développement intellectuel : dans l'ouvrage même où une instruction élémentaire s'offre à ceux dont la position ne semble pas demander davantage, ils sont à chaque instant avertis que la science mise ainsi sous leur main est bornée, incomplète, propre seulement à dissiper l'ignorance, que, sur tous les sujets un peu importans, il faut aller chercher la vraie science ailleurs. Et cette instruction plus étendue, plus précise, leur est rendue aisément accessible ; ils la peuvent puiser dans un second ouvrage dont la mission est, pour ainsi dire, de répondre aux questions que le premier lui adresse, qui même, s'ils veulent pousser plus loin leurs études, leur indiquera à son tour les grands traités spéciaux où chaque matière est approfondie. Par là est prévenue la présomption dans la science légère, vice qui naît aisément de l'emploi des Encyclopédies; et en même temps la perspective d'une science plus haute, toujours ouverte devant ceux qui ne recherchent qu'une instruction moyenne, étend l'horizon de leurs idées, suscite en eux de nouveaux besoins intellectuels, peut même provoquer le développement de ces dispositions, de ces facultés naturelles auxquelles il ne manque peut-être, pour prendre leur essor, qu'une circonstance qui les révèle à elles-mêmes, et les mette une première fois en mouvement.

Toutes les conditions du problème ne sont-elles pas remplies? Ainsi adaptées aux faits, modelées en quelque sorte, dans leur diversité comme dans leurs rapports, sur le plan de la bonne et légitime organisation de la société même, n'a-t-on pas droit d'espérer que les Encyclopédies atteindront pleinement leur but véritable, qu'elles déploieront, au profit de la civilisation, toute la puissance qui peut leur appartenir?

Elles y réussiront en effet si elles demeurent constamment fidèles à l'idée première dont elles émanent, si dans tous les détails de leur exécution se retrouve et domine la pensée du public auquel elles s'adressent et des services qu'il en attend.

Quant à l'Encyclopédie élémentaire, il est clair que toute apparence de prétention scientifique ou littéraire en doit être bannie. Ce n'est point à fournir une lecture suivie, ni à donner, sur tel ou tel genre de faits ou d'idées plutôt que sur tel autre, des moyens d'instruction, qu'un tel ouvrage est destiné. Il s'adresse à un public dont la vie est pleine et occupée, qui n'a que peu de loisirs à consacrer à l'étude, qui même, à proprement parler, n'étudie rien en particulier, mais qui, ne voulant pas rester dans l'ignorance, désire un livre où il trouve promptement, sur tous les sujets qui se peuvent présenter dans le cours de la conversation ou de la vie, des renseignemens, des notions suffisantes pour dissiper en quelque sorte devant lui le gros des ténèbres et satisfaire sa curiosité. Ce public ne demande ni qu'on expose et débatte longuement sous ses yeux les opinions diverses, ni qu'on mette sa pensée en mouvement par des idées neuves et hardies, ni qu'on lui procure le plaisir trompeur de se croire savant sans travail; il veut une réponse positive aux questions peu ambitieuses, peu

compliquées, mais innombrables, qu'il peut avoir à faire
sur l'histoire, la géographie, les sciences morales,
exactes, naturelles, médicales, les arts, les métiers, etc.
Dans une telle Encyclopédie, aucun article ne peut
donc prétendre à se faire spécialement remarquer; aucune science ne doit se promettre, se proposer même
d'exciter un intérêt particulier; mais en revanche toutes
les sciences y doivent prendre place, et des explications
s'y doivent rencontrer sur un aussi grand nombre de
mots qu'elle en pourra contenir en demeurant accessible
à un grand nombre de lecteurs. On ne lui adressera point
de questions savantes, mais on peut l'interroger sur toutes
choses, et il faut qu'elle soit toujours prête à répondre,
qu'elle offre, pour ainsi dire, le résumé populaire de tous
les dictionnaires spéciaux dont les connaissances humaines ont été l'objet. Moins, dans chaque article, elle
prétend à la science, plus elle doit aspirer, dans son ensemble, à l'universalité. Le vrai mérite d'une Encyclopédie élémentaire, c'est d'être aussi complète, aussi
encyclopédique qu'il est permis de l'espérer.

C'est assez dire que les articles seront nécessairement
fort courts ; leur nombre importe beaucoup plus que
leur étendue : ils ne pourront guère contenir que 1° la
définition du mot; 2° l'exposé de ses diverses acceptions,
s'il en admet plusieurs; 3° l'indication sommaire des
principaux faits et des principales idées qui s'y rapportent. Dans la Biographie, par exemple, on se contentera
d'indiquer le lieu et l'époque de la naissance et de la
mort des individus, l'emploi qu'ils ont fait de leur vie,
et leurs actions ou leurs ouvrages les plus notables : en
Géographie, on assignera la position des villes, leur po-
pulation, les grands établissemens qu'elles peuvent contenir. S'il s'agit d'une plante, d'un animal, on fera connaître le genre auquel il appartient dans les classifications
de la science, sa patrie, son utilité pratique, s'il en est
susceptible, etc. On évitera soigneusement toute préfé-

rence pour telle ou telle science, tout développement
partial de tels ou tels articles aux dépens de tels autres ;
on ne perdra jamais de vue que l'ouvrage n'a rien de
spécial ni dans son public ni dans son objet, et que, destiné à être consulté plutôt que lu, c'est surtout par des
faits, par des résultats clairs et précis qu'il doit répondre
aux questions.

Naturelle et commode dans les sciences qui traitent
des phénomènes de l'ordre matériel, cette méthode s'ap-
plique moins aisément aux sciences morales qui s'occupent de faits plus difficiles à démêler, plus contestés, et
à l'occasion desquels se sont élevés tant de systèmes divers. Quand on raconte la vie d'un homme, quand on
décrit une contrée, quand on expose les résultats de
l'observation de la nature physique ou les procédés d'un
art, il n'y a communément point de choix à faire, point
de discussion à établir ; on dit ce qui est, ce qu'on peut
regarder du moins comme généralement adopté. Mais
dans les matières philosophiques, s'il s'agit, par exemple,
du mot *âme* ou du mot *souveraineté*, il n'y a pas moyen
d'échapper à la nécessité de choisir entre les opinions
diverses ; le rôle d'historien des idées humaines, le seul
qui pût en dispenser, n'est point admissible dans une
Encyclopédie élémentaire, car il donnerait aux articles
beaucoup trop d'étendue ; il faut prendre un parti, et
rédiger tous les articles de ce genre d'après une opinion
et dans une direction déterminées. C'est au succès seul
qu'il appartient alors de justifier le choix.

Du reste ce n'est pas sur les matières philosophiques
qu'une Encyclopédie élémentaire sera le plus souvent
consultée ; elle ne doit omettre aucun des mots qui s'y
rapportent ; mais, placée entre la nécessité d'adopter à ce
sujet des opinions systématiques et l'impossibilité de les
prouver, il lui convient de se renfermer, sur ces graves
questions, dans les termes les plus simples, et d'en référer
chaque fois à l'Encyclopédie savante qui lui correspond.

Celle-ci sera un ouvrage non seulement de dimensions fort différentes, mais d'une autre nature; ce n'est plus un besoin d'instruction générale et moyenne, ce sont des besoins de connaissances spéciales et plus précises qu'il s'agit de satisfaire. On cherche dans une Encyclopédie élémentaire des renseignemens, des explications sur ce qu'on ignore; on attend d'une Encyclopédie savante qu'elle traite avec exactitude et détail des questions dont on s'est déjà occupé. Le principal mérite de la première est l'universalité; chaque article, pris à part, a nécessairement peu de valeur; dans la seconde ce n'est pas de l'ensemble de l'ouvrage, mais du mérite de chaque article en particulier qu'il faut s'inquiéter; elle ne prétend point à traiter de toutes choses, car elle méconnaîtrait les limites de sa puissance et retomberait dans les vices dont les premières Encyclopédies sont entachées; mais elle s'engage à donner, sur les matières dont elle s'occupe, des notions exactes et assez étendues. Sans doute il est à désirer que toutes les questions importantes y prennent place; sans doute il convient de déterminer d'avance, dans chaque lettre de l'alphabet, quels sont les mots qui exigent ou comportent d'assez longs développemens pour qu'elle soit tenue de les accueillir; mais il faut surtout que chacun de ces mots devienne ensuite, entre les mains d'un homme versé dans la science à laquelle il appartient, le sujet d'un petit traité qui résume et livre en substance au public les ouvrages spéciaux des savans de profession. Publiés ensemble et sous un titre commun, ces traités feront partie, il est vrai, d'une même collection; mais ils n'auront point été faits l'un pour l'autre, ni dans une vue systématique et sous la loi d'une prétendue unité. Il faut même qu'ils se détachent au besoin de la collection, et que tout homme, qui voudra acquérir, sur telle ou telle matière, des notions un peu précises, le puisse faire en se procurant l'article seul qui s'y rapporte, sans être contraint d'acheter l'En-

-cyclopédie tout entière. Il faut aussi qu'au moment où telle ou telle étude, telle ou telle question occupera spécialement l'attention du public, elle devienne aussitôt le but vers lequel les publications périodiques de l'Encyclopédie se dirigent de préférence; non seulement on satisfera ainsi aux besoins sociaux dès qu'ils se déclareront, mais l'instruction pénètrera bien plus aisément et se fixera plus sûrement dans les esprits, car elle se rattachera à des faits actuels, et se présentera au nom de la nécessité. Il faut enfin que, lorsque le progrès des études, des découvertes, des idées, aura répandu, sur tel ou tel sujet, de nouvelles lumières et fait vieillir l'article qui y avait été consacré, on puisse le remplacer par un article nouveau, et que la Collection demeure toujours perfectible et progressive comme la science et la société.

A ces conditions seulement, une Encyclopédie savante sera vraiment utile et pourra déployer, au profit de la civilisation, une grande influence. Elle en suivra, pour ainsi dire, le cours, distribuant la science selon le besoin et la demande, portant la lumière du côté où se dirigeront les regards, servant d'intermédiaire et de lien entre les hommes qui vouent à des études spéciales leur vie entière et ceux qui veulent en appliquer, ou du moins en connaître les résultats. Beaucoup d'hommes aussi qui, par goût ou par nécessité, se sont occupés avec soin de tel ou tel sujet, mais n'en auraient jamais fait la matière d'un ouvrage, déposeront volontiers dans une collection pareille le fruit de leurs méditations ou de leur expérience; et des idées, des recherches, qui peut-être auraient été perdues, ou utiles seulement dans une étroite sphère, entreront dans la circulation générale. Ainsi, sur l'indication des besoins de la société, et à mesure que se présenteront les moyens d'y satisfaire, les traités s'ajouteront aux traités; les mots marqués d'avance, dans l'Encyclopédie élémentaire, comme exigeant des développemens plus étendus, s'épuiseront peu à peu;

et l'Encyclopédie savante se fera naturellement, progressivement, toujours en rapport avec les faits, toujours contenue dans les limites de la possibilité et de sa mission.

Il est difficile d'indiquer par avance et d'une manière générale sur quel plan doivent être composés les traités qu'elle est destinée à réunir ; quand il s'agit d'articles courts et simples, comme dans une Encyclopédie élémentaire, on peut, jusqu'à un certain point, les jeter dans un même moule, et donner quelques règles partout applicables ; mais avec les développemens les diversités se prononcent, comme les enfans, dont les traits sont si pareils au berceau, cessent de se ressembler en grandissant. Comment les mêmes procédés de composition conviendraient-ils à une biographie, à une question d'économie politique et à un traité sur quelque point des sciences naturelles, par exemple, aux articles *Aristote, anatomie, capital, mammifères, machine à vapeur?* Dans certains cas, c'est surtout sous son aspect pratique, dans les applications de la science à la société, que le sujet veut être considéré ; dans d'autres, au contraire, les idées générales doivent dominer, et le champ appartient à la théorie. S'il s'agit de la biographie d'un grand homme, de Platon, de Descartes, de Cromwell, de Luther, de Sully, de Bossuet, quelle valeur auraient, dans un ouvrage qui ne pourrait les recueillir complètement, des détails anecdotiques sur sa personne et sa vie? C'est à raison de l'influence qu'il a exercée sur la destinée des peuples ou le développement de l'esprit humain, parce que son histoire fait partie de l'histoire de l'humanité, qu'il prend place dans l'Encyclopédie savante ; c'est sous ce point de vue et dans ses rapports avec son siècle qu'il faut le peindre et le juger. Dans les sciences morales, comme la psychologie, la philosophie politique, etc., les principes généraux peuvent seuls être exposés, et il importe bien davantage de donner des modèles de méthode, ou de jeter, s'il se peut, sur les grands problèmes de la science, quelques vues nouvelles qui mettent les esprits en mouvement, que de s'appesantir sur des questions particulières qui ne sauraient être résolues qu'en présence des faits, et dont le nombre surpassera toujours de beaucoup l'espace qu'on pourra leur accorder. Traite-t-on, au contraire, de quelque sujet qui appartienne aux sciences exactes ou naturelles, à la mécanique, à la physique, à la chimie, à la botanique? c'est probablement aux applications, aux conséquences usuelles de la science qu'il faudra préférablement s'attacher, car c'est là surtout ce qu'on cherchera dans l'Encyclopédie ; les savans de profession, ou les hommes qui voudraient faire, de la science pure, une étude approfondie, auraient recours aux grands traités spéciaux. Les articles auront ainsi, selon la nature des sujets et des besoins auxquels l'Encyclopédie s'adresse, un caractère tantôt philosophique, tantôt pratique, et la théorie ou l'application y dominera tour à tour.

Cependant, s'il fallait absolument donner, sur la méthode à suivre dans la composition de ces petits traités, quelques préceptes généraux, je dirais qu'il me paraît désirable qu'ils contiennent : 1° l'histoire du sujet, c'est-à-dire un précis historique des faits ou des idées qui s'y rapportent, afin que le lecteur sache bien comment la question s'est progressivement démêlée, et la science formée avant d'arriver à lui; 2° une exposition de l'état actuel des connaissances et des principes généralement adoptés sur le point dont il s'agit, et des idées propres de l'auteur; 3° l'indication des lacunes qui subsistent encore, des difficultés qui restent à résoudre et des progrès désirables ou possibles qui se laissent entrevoir; 4° enfin l'énumération des principaux ouvrages où la matière a été traitée dans les divers pays, avec une appréciation sommaire de leur mérite. Des articles exécutés d'après ce plan répondraient, ce me semble, à tous les besoins qu'une Encyclopédie savante se propose de satisfaire.

Du reste, de tels préceptes ne sont, je le répète, que de vagues indications : la manie réglementaire ne s'appliquerait pas plus heureusement à la composition d'une Encyclopédie que partout ailleurs ; là aussi elle ferait sans cesse violence à la nature des choses et à la liberté des esprits, seules puissances respectables et fécondes. C'est à la raison de chaque écrivain à régler, dans chaque occasion, la méthode selon le sujet. La détermination des matières qui, à raison de leur importance ou du vœu public, doivent être traitées dans l'Encyclopédie progressive, et le choix des hommes capables de les traiter, de là dépend le succès. Il n'y a point de préceptes à donner à cet égard.

J'ai essayé de mesurer la puissance des Encyclopédies, de définir leur vraie nature, d'en déduire les lois de leur composition, de poursuivre dans l'application les conséquences de ces lois jusqu'à ce point où la prévoyance législative de l'esprit s'arrête devant l'infinie variété des faits, et ne peut plus prétendre à les régler *a priori* ni en général. Si je ne m'abuse, il suffit de jeter les yeux sur l'état actuel de la société en France pour se convaincre que, bien loin d'être une entreprise conçue arbitrairement et au hasard, une invention de cette activité qui cherche en tous sens de quoi s'exercer et se répandre, les deux ouvrages dont je viens de tracer le plan, sont naturellement appelés par les faits, impérieusement provoqués par la nécessité. Ils ne prennent pas seulement leur source dans ce désir d'instruction et de science qui anime tous les siècles un peu actifs, toutes les sociétés en progrès ; ils répondent à des besoins encore plus pressans, plus directs, à des besoins qui naissent de la situation sociale des hommes aussi bien que de leur disposition morale. L'organisation actuelle de la société parmi nous est bonne, raisonnable, légitime ; la plupart des hommes ont lieu d'être contens de la justice des relations qu'elle établit entre eux, de la liberté des carrières qu'elle leur ouvre, de l'ensemble des faits au milieu desquels s'écoule leur vie. Mais il manque à cet état social quelque chose dont l'absence se fait partout sentir, que tout le monde cherche, souvent même sans le savoir : c'est un état intellectuel qui lui corresponde et le complète. Les révolutions ne changent pas le monde intérieur et moral aussi promptement que le monde extérieur et matériel ; on s'enrichit plus vite qu'on ne s'éclaire ; on monte sans grandir à proportion. Il y a maintenant un nombre immense de citoyens honnêtes, influens, importans par leur fortune, leur activité, leur clientèle, et dont l'instruction n'est pas au niveau de leur situation, qui n'ont pas les lumières de leur influence, ni les principes de leur conduite, ni les croyances de leurs sentimens. La civilisation intellectuelle, en un mot, est moins avancée que la civilisation sociale. C'est donc de la civilisation intellectuelle qu'il faut seconder les progrès ; il faut se hâter de répandre des connaissances, des principes qui rétablissent entre les pensées et les situations, les esprits et les existences, cet équilibre, cette harmonie qui fait l'éclat et assure le repos de la société. C'est là le premier et le plus noble besoin de notre époque. Il y a un étrange aveuglement à lui en contester la satisfaction. Le désir de l'instruction, la soif du développement intellectuel, peuvent être, dans certains temps, des besoins révolutionnaires ; ils peuvent provenir d'un contraste malheureux entre le droit et le fait, les conditions légales et les capacités réelles, et ils provoquent alors des bouleversemens. Tel était, il y a quarante ans, le sort de la France : une foule d'hommes, des classes entières de citoyens ne possédaient pas en fait ce dont ils étaient moralement capables ; les lumières étaient pour eux un moyen de renverser les obstacles qui les tenaient écartés de la place à laquelle ils avaient droit, et c'était surtout dans ce dessein qu'ils recherchaient avec passion les moyens d'en acquérir. Aujourd'hui tout est changé ; le phénomène contraire se présente ; les classes diverses se trouvent dans la situation qui leur convient ; le fait est bon, invinciblement bon ; rien ne le prouve mieux que sa résistance paisible à des passions ennemies et qui semblent souveraines. C'est l'état moral qui aspire à se développer, à se perfectionner pour se mettre en accord avec l'état réel ; ce ne sont point des pauvres qui veulent s'instruire pour s'enrichir, ce sont des riches qui recherchent aussi la richesse intellectuelle. Bien loin donc que l'instruction, la propagation des connaissances positives, le développement complet et libre des esprits, soient maintenant une source de révolutions, c'est au contraire un élément d'ordre, de stabilité, un moyen d'affermir, de compléter ce qui est, d'assurer l'exercice régulier des forces qui possèdent l'empire. Ceci est encore un exemple de cet éternel anachronisme des passions et des préjugés, qui pousse tant d'hommes à s'effrayer de périls depuis long-temps évanouis avec l'ordre de choses qu'ils menaçaient. C'eût été, il y a cent ans, une grande injustice, et probablement une injustice vaine, que de vouloir empêcher, par crainte des révolutions, le progrès de l'instruction publique : aujourd'hui c'est une sottise. Les changemens dans l'état social, auxquels la France aspirait depuis plusieurs siècles, que l'administration de Louis XIV a favorisés et mûris plus efficacement peut-être que toute autre cause, sont accomplis et irrévocables ; le public est en possession de la liberté et de l'influence ; il ne s'agit plus que de savoir si, libre et influent, il doit être condamné à l'ignorance qui convient à la servitude. Un tel état serait, à coup sûr, le pire de tous, et personne n'a rien à y gagner. La propagation des lumières de tout genre et tous les moyens d'y concourir, Encyclopédies ou autres, sont donc maintenant au nombre de ces besoins pacifiques, réguliers, qui s'élèvent au dessus des querelles de parti, qu'on ne saurait sans absurdité refuser de satisfaire, et dont nul homme de sens ne peut raisonnablement s'alarmer.

Mai 1826.   GUIZOT.

L'idée de réunir en un seul ouvrage toutes les connaissances humaines n'a pas été étrangère à l'ancienne Europe. On peut croire qu'elle était présente à l'esprit de Varron (1), lorsqu'il écrivait ses *Rerum humanarum et divinarum antiquitates*, et ses *Disciplinarum libri IX*, malheureusement perdus pour nous, et à celui de Pline l'ancien (2), lorsqu'il faisait entrer dans son *Historia naturalis* tous les résultats de ses immenses études. Plus tard Stobée (3) et Suidas (4) composèrent, dans un dessein analogue, les recueils dont il ne nous reste que quelques parties. On a rangé parmi les tentatives du même genre le bizarre ouvrage mêlé de prose et de vers, où, sous le titre de *Satyricon*, Marcianus Capella (5), vers le milieu du 5ᵐᵉ siècle, traita des sept sciences qui formaient alors toute la science humaine, la grammaire, la dialectique, la rhétorique, la géométrie, l'astrologie, l'arithmétique, et la musique qui comprenait la poésie. En avançant dans le moyen âge, on rencontre ces Encyclopédies spécialement consacrées à telle ou telle science, et connues sous le nom de *Summa* ou *Specula*, comme la *Summa theologiæ* de saint Thomas d'Aquin (6), et plusieurs autres. Un évêque de..... etc., etc., etc.

(*Suit dans l'ouvrage la Bibliographie des Encyclopédies publiées en France, en Angleterre, en Allemagne, en Italie, etc.*)

LIBRAIRES DE L'ENCYCLOPÉDIE.

Abbeville. — Grare.
Agen. — Noubel.
Alais (?). — Mlle Olaron.
Ais. — Nouvel. — Ferris.
Alby. — Rodière.
Alençon. — Bouvoust.
Ambert. — Seguin.
Amiens. — Allo-Poiré.
Angers. — Fourier-Mame.
Angoulême. — Aigre. — Laroche.
Argentan. — Lanterne.
Arras. — Topino.
Auch. — Delcros.
Aurillac. — Ferrary. — Picut.
Autun. — Dauphin.
Auxerre. — François Fournier.
Avrancs. — Virous.
Avignon. — Laty.
Avranches. — Quesnel.
Bar-le-Duc. — Laguerre.
Bastia. — Lorenzo.
Bayeux. — Groult. — Le François.
Bayonne. — Bonzom. — Gosse.
Beaune. — Bernard Dufay.
Beaurais. — Desjardins.
Besançon. — Biniot. — Deis.
Bedsiers. — Bousquet. — Cambon.
Blois. — Authier-Riol. — Darnaud.
Bordeaux. — Mme Bonnet-Dutrey. —
     Coudert. — Guyet ainé. — Lawalle
     jeune. — Teychenney.
Bourbon-Vendée. — Feret.
Bourg. — Bottier. — Dufour fils.
Bourges. — Gillet.
Brest. — Hebert. — Lefournier et Dé-
     périers. — Lepontois frères.
Brignolles. — Dufort.
Brives. — Creuffon.
Cam. — Mme Blin. le - Baron. —
     Locrine. — Mancel.
Cahors. — Richard.
Calais. — Lekeux.
Cambrai. — Auguste Giard. — Hures.
Carcassonne. — Gadrat-Capelle. — La-
     joux.
Carpentras. — Oddon.
Castelnaudary. — Labadie.
Castres. — Chailliol.
Châlons-sur-Marne. — Cornet-Poilin.
     — Dornu.
Châlons-sur-Saône. — Dejussieux.
Charleville. — Raucourt.
Chartres. — Bréon. — Cochinel.
Château-Gontier. — Leseq.
Châteauroux. — Roger.
Chaumont. — Lise Collet. — Dardenne.
Cherbourg. — Boulanger. — Courtois.
Clermont-Ferrand. — Thibaud-Lan-
     driot. — Auguste Vysset.

Cognac. — Seguin.
Colmar. — Feill. — Geng. — Fonne-
     tier.
Compiègne. — Renard.
Dax. — Mlle Ducos. — Seize.
Die. — Richaud.
Digne. — Sicard.
Dijon. — Decailly. — Gaulard. — Vic-
     tor-Lagier. — Tessa.
Douai. — Tarlier.
Draguignan. —
Dunkerque. — Browner-Browegne.
Epinal. — Jouve-Georges.
Evreux. — Ancelle.
Falaise. — Brée ainé. — Laulour.
Foix. — J. Pomis.
Fontainebleau. — Leveque. Mme Petit.
Fougères. — Vanier.
Gap. — Genoux.
Grenoble. — Baroul. — Durand et fils.
     — Falcon. — Royer-Depré.
Guéret. — Betbolle.
Hâvre (le). — Chapelle. — Dullo.
Langres. — Dufey.
Laon. — Verlet-Berleux.
Laval. — Bouteviliain-Grandpré.
Libourne. — Fontaine. — Trouvée.
Lille. — Leleux. — Vanackère.
Limoges. — Bargeas.
Lons-le-Saunier. — Escalle.
Lorient. — Carls. — Lecoat-Saint-Ho-
     nan.
Lyon. — Bohaire. — Mme Durval. —
     l'Averio. — Targe.
Mâcon. — Grosset.
Mans (le). — Belon. — Pesche ainé. —
     Toutain.
Marmande. — Veuve Bousquet.
Marseille. — Camoin frères. — Mas-
     vert. — Chaix.
Mayenne. — Roullois.
Meaux. — Dubois-Berthauld.
Melun. — Leroy. — Michelin.
Mende. — Igeon.
Metz. — Devilly. — Hurson frères. —
     Veuve Thiel.
Mézières. — Blanchard fils. — Byam-
     bault.
Montauban. — Forestier. — Laforgue.
     Retorhé.
Mont-de-Marsan. — Lacaze.
Montpellier. — Seraile. — Gabon.
     — Pommathio.
Morlaix. — Petit.
Moulins. — Desrosiers.
Nanci. — Mme Raatout. — Veuve Clé-
     ment. — Vincenot.
Nantes. — Burolleau. — Busseuil
     jeune. — Clech. — Forest.

Narbonne. — Caillard. — Sounier.
Nevers. — Mlle Bras. — Pagne du
     Chailloux.
Niort. — Robin. — Morllere.
Nismes. — Chais fils. — Pouchon.
Orléans. — Hûet - Perdoux. — Mes-
     couy.
Pau. — Petrit.
Périgueux. — Boothozu.
Péronne. — Laisad.
Périgueux. — Abline. — Testu.
Poitiers. — Dauvin. — Loriot.
Privas. — Aizard.
Puy (le). — Laboiube.
Quimper. — Chapelain.
Reims. — Brissart-Carole. — Fre-
     meau fils.
Rennes. — Duchesne. — Deberpen. —
     Molliex.
Rochefort. — Gaulard.
Rochelle (la). — Dauvin. — Paris.
Rodez. — Carrère fils.
Rouen. — Béchet fils. — Fleury. — Mada-
     me Quesney. — Renault.
Sabies. — Charrier. — Delys.
Saint-Brieu. — Lemonnier. — Prud'-
     homme.
Saint-Flour. — Vidal.
Saint-Lô. — Gomont.
Saint-Malo. — Roulier.
Saint-Quentin. — A. Tilloy.
Sables-Menehould. — Poignée - Dar-
     nauld.
Saumur. — Degouy-Delaroche. — No-
     vo-Degouy.
Sedan. — Hennuy.
Sens. — Thomas.
Soissons. — Arnoult.
Strasbourg. — Alexandre. — Treuttel
     et Wurtz.
Tarascon. — Aubanel.
Tarbes. — Lagleize.
Toulon. — Bellue. — Laurent.
Toulouse. — Devers. — Gaton. — Pru-
     nel. — Senac. — Vieusseux.
Tours. — Bousnier. — Mame. — Moisy.
Troyes. — Laloy. — Petit.
Tulle. — Doscalch.
Valence. — Borel.
Valenciennes. — Giard.
Vannes. — Galles ainé.
Vendôme. — Soudry.
Verdun. — Benit. — Villet.
Versailles. — Auré. — Buisme.
Vesoul. — Zaeppel.
Villeneuve-d'Agen. — Crobillon.
Vire. — Adam.
Vitry (Marne). — Nicaise.

Et chez tous les libraires et directeurs de poste, etc., etc., etc.

Pour faciliter aux souscripteurs l'envoi des fonds, ils n'ont qu'à faire parvenir au Bureau, rue Chanteroine, n° 10, un mandat sur Paris, à l'ordre de l'éditeur de l'*Encyclopédie progressive* : l'ouvrage sera de suite envoyé.

Les demandes, avis et renseignemens doivent être adressés, *franc de port*,
de l'*Encyclopédie progressive*, rue Chanteroine, n° 10.

ARTICLES DE LA Ire. LIVRAISON.

Pour mieux faire connaître le plan et la nature de cet ouvrage, l'éditeur de *l'Encyclopédie progressive* a publié d'abord un demi-volume, qui se vend séparément : prix, 4 fr. Ce demi-volume contient, avec un *specimen* du MANUEL ENCYCLOPÉDIQUE, les cinq traités suivans :

ENCYCLOPÉDIE. *Des Encyclopédies considérées comme moyen de civilisation*.. GUIZOT.
ÉCONOMIE POLITIQUE. Esquisse de l'économie politique moderne, de sa nomenclature, de son histoire et de sa bibliographie... J. B. SAY.
IRRITATION considérée sous le rapport physiologique et pathologique.. BROUSSAIS.
LAW, et de son système de finances.................... A. THIERS.
RELIGION. Du développement progressif des idées religieuses.. BENJAMIN-CONSTANT.

L'article ENCYCLOPÉDIE, par M. GUIZOT, servant de discours préliminaire, se distribue *gratis* au bureau et chez les libraires de l'*Encyclopédie progressive.*

Pour rassurer les souscripteurs contre l'abus si fréquent des nouvelles éditions, ils sont prévenus qu'il n'y en aura jamais qu'une seule de chacun des traités compris dans l'*Encyclopédie progressive*. Les additions qui pourront être faites plus tard, s'il y a lieu, seront toujours tirées à part, de manière à pouvoir être acquises séparément, et être ajoutées ainsi à la suite des exemplaires du premier tirage.

CONDITIONS DE LA SOUSCRIPTION.

Pour recevoir l'*Encyclopédie progressive*, il faut souscrire au moins pour trois volumes. Prix : 24 fr., *franc de port.*
Les souscripteurs sont libres de ne rien payer d'avance, en faisant parvenir à l'éditeur, rue Chantereine, n° 10, l'engagement ci-après :
Je déclare souscrire à l'Encyclopédie progressive, pour trois volumes, que je m'engage à payer, à raison de huit francs le volume, au fur et à mesure qu'ils seront publiés, et qu'ils me seront remis à l'adresse suivante :

(*Indiquer avec soin le nom et l'adresse à Paris.*)

L'*Encyclopédie progressive* sera imprimée sur beau papier, caractère et justification semblables au *Prospectus.* Il paraîtra, tous les deux mois environ, un volume de 500 pages au moins.

Le *Manuel encyclopédique* sera imprimé sur deux colonnes, format in-8°, caractère *Petit-Texte*, interligné. Prix : 9 fr. chaque volume de 500 pages au moins, et 8 fr. pour les souscripteurs à l'*Encyclopédie progressive.*
(Voir, pour le *Manuel Encyclopédique*, le prospectus en tête de l'ouvrage.)

Pour faciliter aux souscripteurs l'envoi des fonds, ils n'ont qu'à faire parvenir au Bureau, rue Chantereine, n° 10, un mandat sur Paris, à l'ordre de l'éditeur de l'*Encyclopédie progressive :* l'ouvrage sera de suite envoyé.

PARIS, IMPRIMERIE DE J. PINARD, RUE D'ANJOU-DAUPHINE, N° 3.

www.ingramcontent.com/pod-product-compliance
Lightning Source LLC
LaVergne TN
LVHW022155080426
835511LV00008B/1410